AARON KOENIG | KRISENFEST

W0076303

AARON KOENIG

KRISEN
FEST

Das Handbuch der **finanziellen Freiheit**

Börsenbuch verlag

Alle Angaben in diesem Buch stammen aus Quellen, die Autor und Verlag für vertrauenswürdig halten. Eine Garantie für die Richtigkeit kann jedoch nicht übernommen werden. Um Risiken abzufedern, sollten Anleger ihr Vermögen deshalb grundsätzlich streuen. Die Angaben in diesem Buch stellen keine Aufforderung zum Kauf oder Verkauf eines Wertpapiers dar. Die veröffentlichten Informationen geben die Meinung des Autors wieder.

Copyright der deutschen Ausgabe 2020:
© Börsenmedien AG, Kulmbach

Gestaltung Cover: Aaron Koenig
Gestaltung und Satz: Sabrina Slopek
Lektorat: Sebastian Politz
Korrektorat: Elke Sabat
Druck: CPI books GmbH, Leck, Germany

ISBN 978-3-86470-660-8

Alle Rechte der Verbreitung, auch die des auszugsweisen Nachdrucks,
der fotomechanischen Wiedergabe und der Verwertung durch Datenbanken
oder ähnliche Einrichtungen vorbehalten.

Bibliografische Information der Deutschen Nationalbibliothek:
Die Deutsche Nationalbibliothek verzeichnet diese Publikation in der
Deutschen Nationalbibliografie; detaillierte bibliografische Daten
sind im Internet über <http://dnb.d-nb.de> abrufbar.

Postfach 1449 • 95305 Kulmbach
Tel: +49 9221 9051-0 • Fax: +49 9221 9051-4444
E-Mail: buecher@boersenmedien.de
www.boersenbuchverlag.de
www.facebook.com/boersenbuchverlag

Inhalt

Vorwort 7

Einleitung 11

1. Kommt der große Crash? 15

   1.1 Die Fehlkonstruktion Euro 16
   1.2 Das Monopolgeldsystem 20
   1.3 Das Ende des China-Booms 29
   1.4 Vom Negativzins zum Staatsbankrott 33

2. Digitales Bargeld 45

   2.1 Die Grundlagen digitalen Geldes 46
   2.2 Wie verwende ich Bitcoin? 55
   2.3 Wie fülle ich meine Bitcoin Wallet? 61
   2.4 Bitcoin sicher speichern 65

3. Bitcoin als Krisenschutz? 73

   3.1 Warum hat der Bitcoin einen Wert? 74
   3.2 Bitcoin ist das härteste Geld der Welt 77
   3.3 Bitcoin ist nicht zu stoppen 80
   3.4 Bitcoin funktioniert ohne Banken 82
   3.5 Schwächen von Bitcoin 83
   3.6 StableCoins 88

4. Investieren nach Wiener Art 93

4.1 Die Wiener Schule der Volkswirtschaft 94
4.2 Mises' Geld- und Konjunkturtheorie 96
4.3 Das Wiener Investment-Portfolio 100
4.4 Schwächen der Wiener Anlagestrategie 107

5. Raus aus der Steuerhölle 111

5.1 Gründe zum Auswandern 113
5.2 Die Flaggentheorie 116
5.3 Modelle staatlicher Besteuerung 119
5.4 Von Panama bis Prospera 122
5.5 Aber wer baut dann die Straßen? 131

6. Die Krise meistern 137

6.1 Schützen Sie Ihre Privatsphäre! 139
6.2 Planen Sie für den Ernstfall! 144
6.3 Schützen Sie sich vor Kriminalität! 148
6.4 Stärken Sie Ihre sozialen Bindungen! 150

7. Finanziell frei im Kopf 153

7.1 Fit für finanzielle Freiheit 154
7.2 Das Lebenskonzept *Ikigai* 156
7.3 *Millionaire's Mind* nach T. Harv Eker 158
7.4 *Wealthy Mind* nach Tim und Kris Hallbom . . . 162
7.5 Das *Diamond-Cutter-System*
von Geshe Michael Roach 166

8. Imagine 173

Danksagung 181

Quellenverzeichnis 183

Bildnachweis 191

Vorwort

von Rahim Taghizadegan
Wien, 18.03.2020

Just in dem Moment, als ich diese Zeilen schreibe, beginnt die größte Wirtschaftskrise, die ich je erlebt habe. Zeiten der Krise wecken bei der Mehrheit der Menschen das Interesse an Krisenvorsorge. Nun ist es dafür natürlich zu spät. Gegen diese Zyklen menschlicher Psychologie können wir jedoch nicht viel ausrichten. Darum ist es auch kein Fehler, zu Krisenzeiten über Krisenvorsorge zu schreiben. Schließlich sind es auch Zeiten der Besinnung und Umorientierung.

In der Krise hält die Masse an Mitläufern inne und öffnet sich für alternative Zugänge. Der kurzfristige praktische Nutzen bleibt natürlich beschränkt, er ist eher therapeutischer Natur. Doch langfristig könnte das Verständnis alternativer Ansätze und Möglichkeiten der Vermögensanlage noch sehr wertvoll werden. Auf eine Krise folgt nicht automatisch der Aufschwung, sondern manchmal eine noch größere Krise.

Krisen können heilsam sein. Das griechische Wort verweist auf Phasen des Scheidens und Auftrennens, auf die Ent-Scheidung nach der Ent-Täuschung. Doch Krisen sind unangenehm, darum weichen wir ihnen aus. Das institutionelle Ausweichen hat die Zyklen unserer Massenpsychologie – von FOMO (Fear of Missing Out) bis FUD (Fear, Uncertainty and Doubt) – durch künstliche Geldschöpfungszyklen massiv aufgebläht. Bis zu dem Zeitpunkt, an dem sich die Realität nicht mehr zudecken lässt und die Enttäuschung unaufhaltsam ist.

Diese Zeitpunkte lassen sich nicht vorhersagen. Wir haben es mit komplexen Systemen zu tun. Wann und wo eine Lawine vom Hang abgeht, lässt sich nicht berechnen. Aber wir können gewisse Hänge meiden. Leider wird die Masse der Anleger auf diese Hänge gedrängt. Abseits davon scheint es ein paar Pfade zu geben, die auch zum Gipfel führen, aber noch ungewiss sind.

Dieses Buch erklärt nicht nur anschaulich die verzerrte Mischwirtschaft unserer Tage, deren Korrektur nicht nur unausweichlich, sondern auch nötig war. Es versucht sich auch als Wegweiser zu weniger ausgetretenen Pfaden, die vielleicht dazu inspirieren, sich dem Trott der Lemminge zu entziehen. Besonderes Gewicht wird dabei auf Kryptowährungen und die Österreichische Schule der Ökonomik gelegt. Warum ist das sinnvoll?

Kryptowährungen, allen voran Bitcoin, haben noch eine zu kurze Geschichte, um daraus viel zu extrapolieren. Mehr als zehn Jahre als ein Asset gegen den Widerstand von Staaten und Zentralbanken zu bestehen und zu funktionieren, ist aber dennoch beeindruckend. Dieses Buch wird gewiss dabei helfen zu verstehen, wie diese Ausnahme bislang möglich war.

Der Wert für die krisensichere Vermögensanlage ist noch nicht erwiesen, könnte aber darin liegen, dass es sich um ein Asset handelt, das nicht gänzlich mit anderen korreliert. Die Korrelation von Vermögenswerten hat im letzten Jahrzehnt massiv zugenommen und vereitelt alle klassischen Empfehlungen „konservativer" (das heißt möglichst krisenrobuster) Anlage.

Natürlich werden auch Kryptowährungen in der Liquiditätsnot einer Krise liquidiert, sonst wären sie sinnlos. Die Volatilität dabei ist größer als bei anderen Assets, allerdings erlauben dauerhaft geöffnete Märkte ohne jede Einschränkung des Handels eben auch leichtere Liquidation. Im Vergleich zu den Fiatwährungen könnte sich die algorithmische Mengenbeschränkung langfristig als Vorteil erweisen.

Wirklich krisenfest hingegen ist die Übertragbarkeit von Kryptoguthaben. Bei früheren Katastrophen mussten Menschen Vermögenswerte in ihre Mäntel einnähen, mit geringer Erfolgsaussicht für solchen Schmuggel. Kryptografie macht es möglich, Schlüssel durch merkbare Wortfolgen zu generieren, die nur dem berechtigten Verfügenden bekannt sind. Hoffen wir, dass solche Tests auf Krisenfestigkeit niemand braucht – aber allein die Möglichkeit ist beruhigend.

Die Österreichische oder Wiener Schule der Ökonomik schließlich kann – richtig verstanden – eine realistische Betrachtung wirtschaftlicher Dynamiken ermöglichen. Sie unterscheidet sich von der heute dominanten Ökonomik vor allem dadurch, dass sie keine Modelle verwendet, sondern einer Blüte interdisziplinären Denkens entstammt, bei der im Wien des 19. Jahrhunderts Denker der unterschiedlichsten Fachrichtungen mit Wirtschaftspraktikern den Austausch pflegten. Allerdings handelt es sich um eine theoretische Tradition, nicht um eine Anlagepraxis.

Gute Theorie bedeutet Erkenntnissuche ohne Scheuklappen, das heißt eingehende Reflexion über die Realität in kritischem Austausch mit der Hoffnung, die Welt und den Menschen etwas besser zu verstehen. Gute Theorie ist aber auch ein lebenslanger Versuch ohne Aussicht auf Erfolg – wer Schlussfolgerung und Empfehlungen übernimmt, muss also dem Urheber vertrauen.

Die Österreichische Schule der Ökonomik sollte weder Ideologie noch Programmatik sein, wird aber oft so verstanden. Das viel größere Problem aber ist, dass diese Tradition nur so wenigen bekannt ist, obwohl sie viel fruchtbarere und realitätsnähere Ansätze des Verständnisses wirtschaftlicher Phänomene bietet. Umso erfreulicher ist, dass dieses Buch dieser Tradition so viel Raum bietet.

Das alte Wien war krisenerprobt, ging aber dennoch in der großen Krise des 20. Jahrhunderts unter – zum Glück nicht physisch, leider aber geistig. Gesicherte Krisenfestigkeit gibt es also keine. Hellsichtige Köpfe, die Muße zum kritischen Nachdenken haben, und mutige Pioniere auf alternativen Pfaden können aber dennoch ein beeindruckendes Maß an Autonomie entfalten, Krisen als Herausforderungen und gar Chancen erkennen, für sich und ihre Familien das Beste aus der Lage machen – und manchmal sogar die Welt verbessern. Möge dieses Buch die Leser dazu ermutigen, die gegenwärtige Krise als positive Herausforderung anzunehmen, ein wenig krisenfester zu werden.

Rahim Taghizadegan ist der letzte österreichische Vertreter der Österreichischen Schule der Ökonomik in direkter Tradition und Rektor des scholarium (www.scholarium.at) in Wien. Er war einer der ersten Ökonomen, der Bitcoin verstand und nutzte. Er lehrte unter anderem an der Universität Liechtenstein, der Wirtschaftsuniversität Wien und der Universität Halle, ist mehrfacher Bestsellerautor und gefragter Redner. Zuletzt erschienen von ihm „Österreichische Schule für Anleger", „Die Nullzinsfalle" und „Geld her – oder es kracht!".

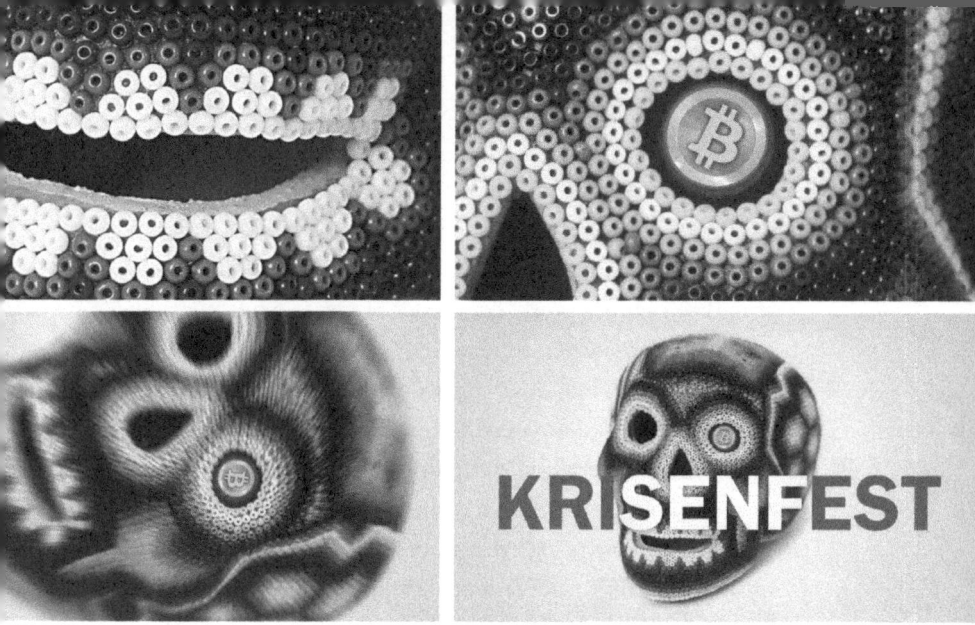

Vorspann der Krisenfest-Videos auf www.krisenfest.club

Einleitung

Stehen wir vor der größten Finanzkrise aller Zeiten? Wird unser auf Schulden basierendes Geldsystem bald krachend in sich zusammenbrechen? Müssen wir dann in Schlangen vor den Geldautomaten warten, um an unser Geld zu kommen, und fürchten, dass es kaum noch etwas wert ist?

Vieles spricht dafür. Es scheint nur eine Frage der Zeit zu sein, bis die große Krise kommt. Vielleicht sind wir schon mittendrin, wenn Sie dieses Buch lesen. Doch Sie können sich dagegen wappnen. Davon handelt dieses Buch. Es gibt Tipps, wie Sie trotz Negativzinsen, Hyperinflation und Kapitalverkehrskontrollen Ihre finanzielle Freiheit bewahren können.

Eine wichtige Rolle spielen dabei Kryptowährungen wie Bitcoin. Sie sind so aufgebaut, dass sie von keiner Regierung und keiner

Zentralstelle manipuliert werden können. Keine Macht der Welt kann eine Bitcoin-Überweisung aufhalten oder ein Kryptokonto einfrieren. Insbesondere in Krisenzeiten haben wir damit ein äußerst wirkungsvolles Werkzeug in der Hand, um unser Erspartes zu sichern und weiterhin miteinander Handel treiben zu können. Ich habe zum Thema Kryptowährungen bereits drei Bücher geschrieben. In „Bitcoin – Geld ohne Staat" betrachte ich Bitcoin aus Sicht der Wiener Schule der Volkswirtschaft und begründe, warum digitales Bargeld dem bisherigen Geldsystem überlegen ist. „Cryptocoins – Investieren in digitale Währungen" gibt einen Überblick über die verschiedenen Typen von Kryptowährungen und viele praktische Tipps, wie man mit ihnen umgeht. „Die dezentrale Revolution" beleuchtet die wirtschaftlichen und politischen Konsequenzen, die Bitcoin und die Blockchain-Technologie haben können. Auch in diesem Buch spielen Kryptowährungen eine Rolle, doch betrachte ich sie aus einer gänzlich anderen Perspektive. Nach einer allgemeinen Einführung in Kapitel 2 geht es in Kapitel 3 vor allem um die Frage: Wie können Ihnen Bitcoin und Co dabei helfen, Ihr Erspartes trotz finanzieller Repressionen zu sichern? Wie können Sie Ihr Vermögen zur Not außer Landes bringen und weiterhin finanziell frei bleiben?

Auch der Kurs des Bitcoin kann kurzfristig fallen, wenn die Menschen in Panik geraten. Das konnte man während der Coronavirus-Krise im März 2020 beobachten, als der Bitcoin-Kurs genau wie Aktien und andere Werte steil abstürzte. Ein „sicherer Hafen" für Anleger ist der Bitcoin noch nicht, dazu ist er noch zu neu und unbekannt. Kryptowährungen haben jedoch gegenüber dem herkömmlichen Finanzsystem so viele Vorteile, dass sie sich langfristig durchsetzen werden.

In diesem Buch geht es jedoch nicht nur um Kryptowährungen, sondern um viele weitere Methoden, mit denen Sie Ihre finanzielle und individuelle Freiheit verteidigen können. Dabei habe ich mit Experten zusammengearbeitet, die auf ihrem jeweiligen Fachgebiet zu den Besten zählen. Von Steffen Krug vom *Institute for Austrian Asset Management* kann man lernen, wie man nach den Erkenntnissen der Wiener Schule der Volkswirtschaft sein Geld anlegt (Kapitel 4). Christoph Heuermann von *Staatenlos* weiß, wo man sich und sein Unternehmen am besten ansiedelt und dabei möglichst wenig Steuern bezahlt (Kapitel 5). Sicherheitsexpertin Bettina Falck gibt Tipps, wie man Leib, Leben und Eigentum möglichst wenigen Risiken aussetzt und eine Krise übersteht (Kapitel 6).

In Kapitel 7 fasse ich das Thema Finanzielle Freiheit dann etwas weiter. Es geht dabei nicht nur darum, wie Sie Ihr Geld in Krisenzeiten gegen finanzielle Repressionen schützen können, sondern ganz allgemein um Ihre eigene Einstellung zu Geld, Reichtum und Erfolg. Dafür habe ich mir einige populäre Trainingsmethoden näher angesehen, die Sie der finanziellen Freiheit näherbringen können, und zwar *Millionaire's Mind* von T. Harv Eker, *Wealthy Mind* von Tim und Kris Hallbom und das *Diamond-Cutter-System* von Geshe Michael Roach. Das Abschlusskapitel 8 ist eine sehr optimistische Utopie davon, wie eine bessere Welt nach der großen Krise aussehen könnte.

Herausgekommen ist ein praktisches, facettenreiches Handbuch, das es Ihnen ermöglicht, auch in Krisenzeiten frei zu leben.

1

Kommt der große Crash?

Crashpropheten haben derzeit Hochkonjunktur. „Der größte Crash aller Zeiten"[1], „Weltsystem-Crash"[2], „Machtbeben: Die Welt vor der größten Wirtschaftskrise aller Zeiten"[3] – das sind nur einige der in letzter Zeit herausgekommenen Bücher, deren Titel einem Angst und Bange machen können. Auch im Internet warnen viele Autoren vor einer neuen, nie dagewesenen Finanzkrise. Und selbst die Forschungsabteilung der Deutschen Bank spekuliert in ihrem Magazin *Konzept* über das Ende des derzeitigen Geldsystems.[4] Haben wir es hier mit reiner Panikmache zu tun? Man könnte es leicht als solche abtun, Panik verkauft sich schließlich immer gut.

Doch leider sprechen viele Anzeichen dafür, dass man die Krisenpropheten ernst nehmen sollte. In diesem Kapitel wollen wir nüchtern betrachten, welche tieferen Ursachen zu einer großen Finanz- und Wirtschaftskrise führen könnten.

1.1 Die Fehlkonstruktion Euro

Der Euro ist ein rein politisches Konstrukt. Aus wirtschaftlicher Sicht ergibt es keinen Sinn, so unterschiedliche Volkswirtschaften wie zum Beispiel die deutsche und die griechische unter ein gemeinsames staatliches Währungsmonopol zu zwingen. Einige Politiker wollten den Euro durchsetzen, um damit ihre Vision der „Vereinigten Staaten von Europa" zu verwirklichen, andere, um die währungspolitische Dominanz der Deutschen und ihrer Bundesbank zu beenden. Beides ist gründlich schiefgegangen.

Exportrekord und Target2

Die deutsche Exportwirtschaft hat sehr davon profitiert, dass der Außenwert des Euro für sie eigentlich zu schwach ist. Sie kann ihre Güter damit günstiger anbieten als zu Zeiten der D-Mark. Die italienische Lira und der französische Franc wurden früher des Öfteren abgewertet, um die Exportstärke der deutschen Wirtschaft auszugleichen. Das ist mit dem Euro nicht mehr möglich. Die deutschen Exportüberschüsse haben jedoch dazu geführt, dass die Zentralbanken der anderen Eurostaaten über die sogenannten Target2-Salden mit mittlerweile rund einer Billion Euro bei der deutschen Bundesbank verschuldet sind. Das Target2-System war ursprünglich zum Ausgleich kurzfristiger Forderungen gedacht – nicht als langfristiger

Dispokredit, um den Export deutscher Autos und Maschinen ins Ausland mit neu geschaffenen Euro zu finanzieren. Es ist abzusehen, dass dieses außer Balance geratene System früher oder später kollabieren wird und die daraus resultierenden Verluste vom deutschen Steuerzahler getragen werden müssen.

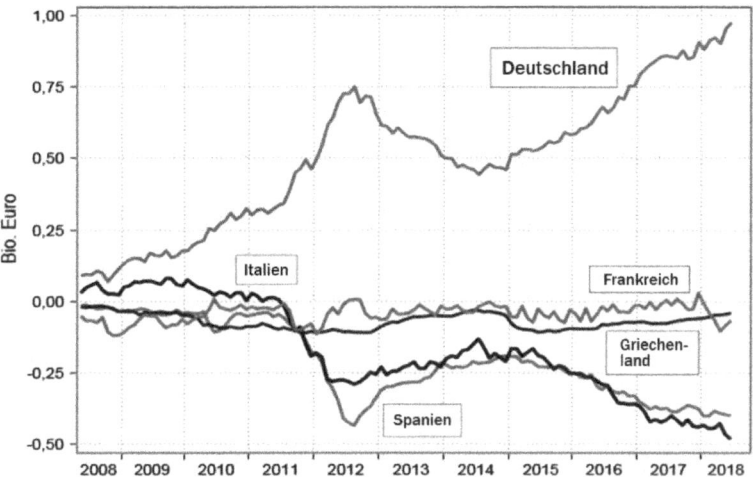

Entwicklung der Target2-Salden

Schulden ohne Grenzen

Regierungen wie die von Griechenland oder Italien, die besonders deutlich über ihre Verhältnisse leben, können dank der gemeinsamen Währung Schulden zu sehr viel niedrigeren Zinsen aufnehmen, als ihnen dies zu Zeiten von Drachme und Lira möglich war. Die Staatsschulden sind daher in fast allen Eurostaaten seit Einführung des Euro stark gestiegen. Die ursprünglich vereinbarten Regeln zur Eurostabilität werden missachtet. Kaum ein Staat hält sich noch an die eigentlich ausgemachte Staatsschuldengrenze von 60 Prozent des Bruttosozialprodukts. Längst

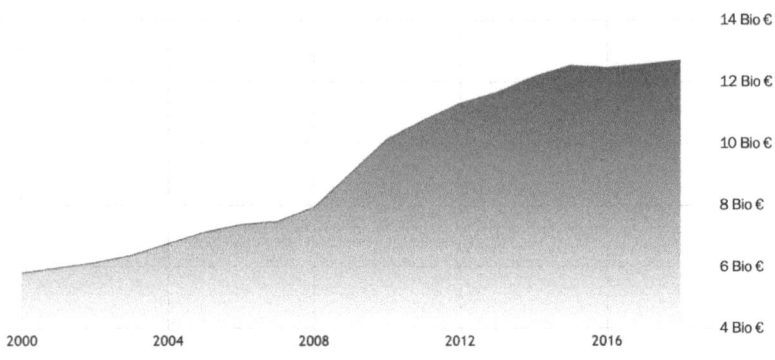

14 Bio €

12 Bio €

10 Bio €

8 Bio €

6 Bio €

4 Bio €

2000   2004   2008   2012   2016

Staatsverschuldung im Euroraum

haften die Eurostaaten durch den Europäischen Stabilitätsmechanismus (ESM) gemeinsam für die Schulden der anderen, was im Vertrag von Maastricht eigentlich ausdrücklich verboten wurde. Jedes Unternehmen, das so schlecht wirtschaften würde wie die Eurostaaten, hätte längst Insolvenz anmelden müssen.

Keine Währungsunion war je erfolgreich

Von der Utopie (oder Dystopie?) der „Vereinigten Staaten von Europa" ist die EU durch die anhaltende Eurokrise weiter entfernt als je zuvor. Die zahlreichen Probleme der Euro-Einheitswährung haben zu viel Streit geführt. In schwächeren Volkswirtschaften wie der griechischen oder der portugiesischen fühlen sich viele Menschen von den Regierungen der wirtschaftlich stärkeren Staaten gegängelt und in ihrer Souveränität eingeschränkt. Deutsche, Niederländer oder Österreicher wiederum sehen nicht ein, warum sie mit ihren Steuern für das Fehlverhalten anderer bezahlen sollen. Von europäischer Solidarität oder gar einem „europäischen Patriotismus" ist nichts zu spüren. Stattdessen gewinnen nationalistische Parteien überall in Europa an Zulauf, was sich besonders bei den Wahlen zum machtlosen EU-Scheinparlament ausdrückt. Es ist kein Wunder, dass die Briten keine Lust mehr auf den undemokratischen Brüsseler Zentralstaat verspüren und die EU verlassen haben. Sie werden sicher nicht die letzten sein. EU-Mitglieder wie Polen, Ungarn, Tschechien oder Dänemark, die ihre nationalen Währungen behalten haben, mögen zwar noch nicht bereit für einen EU-Austritt sein, doch sie denken gar nicht daran, ihre Währungen für den Euro aufzugeben.

Es gab in der Geschichte noch kein erfolgreiches Beispiel einer supranationalen Währungsunion. So scheiterte die Lateinische Münzunion, die von 1865 bis 1926 zwischen Frankreich, Belgien, Italien, der Schweiz und später auch Griechenland bestand, aufgrund der unterschiedlichen wirtschaftlichen Entwicklungen der Mitgliedsstaaten. Auch die ab 1873 geschlossene Skandinavische Münzunion zwischen Schweden, Norwegen und Dänemark war nur von kurzer Dauer, sie wurde 1924 aufgelöst.

Zurück zu nationalen Währungen?

Ich sehe keinen Grund dafür, warum die Euro-Währungsunion einen anderen Verlauf nehmen sollte. Vielleicht „retten" Angela Merkel und Co den Euro noch ein paar Jahre mit deutschen Steuergeldern, was den Zusammenbruch nur noch teurer machen würde. Vielleicht geht es aber auch schneller, als man denkt. Welche Auswirkungen ein Kollaps des Eurosystems haben wird, kann man sich kaum ausmalen. Die Schulden der Eurostaaten sind viel zu hoch, um sie jemals zurückzuzahlen. Der beste Ausweg aus Sicht der Regierungen wäre eine Währungsreform, die jedoch mit einer deutlichen Abwertung aller in Euro gehaltenen Ersparnisse einhergehen würde. Sie sollten Ihr Geld also auf keinen Fall in Euro anlegen, denn die Wahrscheinlichkeit, dass es zumindest teilweise verloren geht, ist groß.

Die Münzunionen des 19. und frühen 20. Jahrhunderts beruhten immerhin noch auf einem Goldstandard. Beim Euro haben wir es hingegen mit einem rein virtuellen Scheingeldsystem ohne jede Deckung zu tun. Eine Rückkehr zu nationalen Geldmonopolen wie der D-Mark, was von einigen nationalistischen Politikern gefordert wird, ist daher keine nachhaltige Lösung, denn auch die D-Mark war ungedecktes staatliches Geld. Ein künstlicher Verbund wie die Euro-Währungsunion führt im Vergleich zu nationalen Währungen zwar zu besonders starken wirtschaftlichen Verzerrungen. Doch das eigentliche Grundübel liegt viel tiefer: in dem auf einem staatlichen Monopol beruhenden Geldsystem.

1.2 Das Monopolgeldsystem

Viele Leute glauben, dass die Geldproduktion eine ureigene Aufgabe des Staates sei, doch das ist nicht der Fall. Im Gegenteil, dem Staat die Herrschaft über das Geld zu überlassen, ist eine denkbar schlechte Idee. Die Mächtigen nutzen ihr Monopol über das Geld stets zu ihrem eigenen Vorteil aus, der höchst selten mit den Interessen der Bürger übereinstimmt. Monopole sind immer nur gut für diejenigen, die sie innehaben, aber schädlich für alle anderen. Das staatliche Geldmonopol bildet da keine Ausnahme. Es hat in der Geschichte immer wieder zu Wirtschaftskrisen, Hyperinflationen, dem Verlust von Ersparnissen und gesellschaftlichen Erschütterungen geführt.

Geld ist ein Produkt des Marktes

Geld ist keineswegs eine Erfindung des Staates. Es ist auf dem freien Markt entstanden, aus dem Bedürfnis der Menschen, ein allgemeines Tauschmittel zu nutzen. Man kann dies gut in informellen Ökonomien sehen, zum Beispiel unter den Insassen von Gefängnissen. Dort nehmen Zigaretten, Fischkonserven oder andere knappe Güter eine Geldfunktion ein, ohne dass dies von der Gefängnisleitung so beschlossen wurde.[5] Auch im Deutschland zwischen Kriegsende und Währungsreform von 1948 fungierten „Ami-Zigaretten" wie Marlboro oder Lucky Strike als allgemeine Währung, was keineswegs der Plan der Besatzungsmächte war.

Zigaretten sind natürlich nicht gerade das perfekte Geld, zu leicht sind sie weggeraucht oder vom Regen aufgeweicht. Auch andere Güter wie Vieh, Salz, Muscheln oder Pfeilspitzen, die im Lauf der Zeit als Geld verwendet wurden, weisen diverse Nachteile auf. Unabhängig voneinander sind die Menschen überall auf der Welt daraufgekommen, Edelmetalle wie Gold oder Silber als Geld zu nutzen, denn sie verfügen über die Eigenschaften, die gutes Geld ausmachen.

Edelmetalle sind:
- selten
- haltbar
- teilbar
- fungibel (d. h.: jede Einheit ist gleichwertig)
- identifizierbar
- prägbar
- gut transportierbar
- schwer zu fälschen

Vom Goldstandard bis Bretton Woods

Über viele Tausend Jahre haben daher Gold und Silber als Geld gedient. Als Reserve der Zentralbanken tun sie dies nach wie vor. Im 19. Jahrhundert waren alle bedeutenden Währungen über den Goldstandard aneinandergekoppelt, was den Welthandel erleichterte und in Kombination mit der industriellen Revolution zu einem beispiellosen wirtschaftlichen Aufschwung führte. Erst der Ausbruch des Ersten Weltkriegs zwang die Staaten zur Abkehr vom Goldstandard, denn mit goldgedeckten Währungen wäre der Krieg nicht bezahlbar gewesen. Die Finanzierung des Kriegs durch Schuldgeld führte nach Kriegsende insbesondere bei den Verliererstaaten Deutschland und Österreich zu Hyperinflationen nie gekannten Ausmaßes.

Noch bis Anfang der 1970er-Jahre gab es eine Art Rest-Goldstandard. Der US-Dollar als Leitwährung der Welt war durch Gold gedeckt, alle anderen wichtigen Währungen standen zum Dollar in einem festen Umtauschverhältnis. Im Unterschied zu einem echten Goldstandard hatten jedoch nicht alle Bürger, sondern nur noch die Zentralbanken das Recht, Dollar bei der US Federal Reserve in Gold umzutauschen. Diese im Abkommen von Bretton Woods 1944 vereinbarte Weltwährungsordnung funktionierte einige Zeit recht gut. Doch als die USA in den 1960er-Jahren immer mehr Dollar druckten, um den Vietnamkrieg und kostspielige Sozialreformen zu finanzieren, misstrauten viele Zentralbanken der Stabilität der Weltleitwährung und machten von ihrem Recht Gebrauch, Dollar gegen Gold einzutauschen. Den USA drohten die Goldreserven auszugehen. Am 15. August 1971 kündigte Präsident Nixon daher das Bretton-Woods-Abkommen einseitig auf und beendete den Umtausch von US-Dollar in Gold. Erst seitdem sind bis auf wenige Ausnahmen die Währungen der Welt nicht mehr durch

Edelmetalle gedeckt. Das seit den 1970er-Jahren bestehende Geldsystem nennt man auch *Fiat-Geldsystem*, vom lateinischen *fiat* = „es werde". Es bezeichnet ein System, in dem Geld willkürlich erzeugt wird und durch kein reales Gut gedeckt ist.

Geld aus dem Nichts

Im heutigen Finanzsystem entsteht Geld auf zweierlei Weise. Einerseits durch die Zentralbanken, die das exklusive Recht haben, nach Belieben Geldscheine zu drucken und Münzen zu prägen. Außerdem können sie den Geschäftsbanken per Kredit Geld zukommen lassen. Der dafür fällige Zins ist der Leitzins, von dem sich alle anderen Zinssätze ableiten. Ein Großteil der Geldmenge wird jedoch nicht von den Zentralbanken geschöpft, sondern von den Geschäftsbanken, nämlich jedes Mal, wenn sie einen Kredit vergeben. Sie müssen im Fall des Euro nur ein Prozent der vergebenen Kreditmenge als Reserve bei der Zentralbank vorhalten, die restlichen 99 Prozent können sie quasi aus dem Nichts erzeugen. Es wird dem Kreditnehmer gutgeschrieben, die Bank bucht es als Forderung. Auf beiden Seiten ihrer Bilanz entstehen so neue Posten, womit die Geldmenge wächst. Der Kreditnehmer kann seine Schulden allerdings nicht durch einen solchen „magischen Akt" der Geldschöpfung abbezahlen. Er muss in der Regel hart dafür arbeiten und zum Beispiel das Haus, das er für seinen Hypothekenkredit kauft, als Sicherheit hinterlegen. Kann er den Kredit nicht mehr bedienen, wird die Bank Eigentümerin des Hauses, das mit aus dem Nichts geschaffenen Geld gekauft wurde. Klingt so ein System für Sie auch absurd und ungerecht?

Wem gehört Ihr Geld?

Nur wenige wissen, dass das Geld auf „ihrem" Bankkonto keineswegs mehr ihr Eigentum, sondern lediglich eine Forderung an die Bank ist. Aus Sicht der Bank ist es eine Verbindlichkeit. Sie gibt Ihnen also das Versprechen, das Geld wieder zurückzuzahlen. Doch wie viel dieses Versprechen wert ist, weiß jeder Grieche, der in den Hochzeiten der Eurokrise vor geschlossenen Bankfilialen stand und nicht mehr an „sein" Geld herankam. Zu Zeiten des *Corralito* in Argentinien 2001 waren die Bankguthaben der Bürger sogar für fast ein Jahr lang geblockt und wurden schließlich um rund die Hälfte abgewertet.

Die Ursache für solche repressiven Maßnahmen ist das sogenannte Teilreservesystem der Banken. Sie haben das Geld, das sie ihren Kunden schulden, nämlich nicht im vollen Umfang vorrätig. Nur einen kleinen Teil – die Teilreserve – halten sie tatsächlich in ihrer Kasse. Würden mehr Bankkunden als üblich gleichzeitig ihr Geld abheben, wären die Banken sofort pleite. Insbesondere in Krisenzeiten hat es solche *Bank Runs* immer wieder gegeben, viele Wirtschaftskrisen nahmen ihren Anfang darin. Um dies zu vermeiden, wurden Zentralbanken überhaupt gegründet. In Krisenzeiten sollen sie als *Lender of Last Resort* („Kreditgeber der letzten Instanz") zur Verfügung stehen. Zumindest ist dies die vorgeschobene Begründung für die Existenz von Zentralbanken. Ihr hauptsächlicher Nutzen für die Regierungen ist die Finanzierung von Kriegen. Doch Zentralbanken und die Zentralisierung des Geldsystems haben für die Bürger gravierendere Nachteile.

Der Cantillon-Effekt

Der Ökonom Richard Cantillon stellte bereits im 18. Jahrhundert fest, dass von einem Monopolgeldsystem diejenigen, die nah an der Quelle des Geldes sitzen, auf Kosten aller anderen profitieren. Cantillon war selbst Nutznießer eines der ersten Zentralbanksysteme, das der schottische Banker John Law für den König von Frankreich geschaffen hatte und das 1720 zum Schaden vieler Kleinanleger kollabierte. Er wusste also aus eigener Erfahrung, worüber er forschte. Laut Cantillon gewinnen immer die Erstempfänger des Geldes: Sie können damit Güter zu den noch unveränderten Preisen kaufen. Während das neue Geld von Hand zu Hand gereicht wird, steigen die Güterpreise, denn die Menge der Güter wächst nicht im selben Maß wie die Geldmenge. Folglich sind die Spät- und Letztempfänger des neuen Geldes die Benachteiligten. Sie können die Güter nur noch zu den neuen, höheren Preisen kaufen. Dieser sogenannte Cantillon-Effekt führt zu einer Umverteilung von Wohlstand von den Arbeitnehmern und Rentnern zu den Mächtigen. Profiteure sind ein immer mächtiger werdender Staat und die mit ihm eng verflochtene Banken- und Finanzindustrie. Der *Cantillon-Effekt* ist eine zentrale Ursache für das Auseinanderklaffen der Schere zwischen Arm und Reich.

Hätte Karl Marx mehr von Ökonomie verstanden, wäre ihm klar geworden, dass die im Kommunistischen Manifest geforderte Zentralisierung der Geldproduktion in den Händen des Staates[6] zu wachsender Ungerechtigkeit führen muss. Es ist grotesk, dass sich das marxistische Modell einer staatlichen Zentralbank heute überall, auch in den angeblich „kapitalistischen" Staaten durchgesetzt hat, obwohl es im offensichtlichen Widerspruch zu den Prinzipien der freien Marktwirtschaft steht.

Die versteckte Steuer der Inflation

Die heutigen, vom Staat kontrollierten Währungen verfügen nicht über alle oben beschriebenen Eigenschaften guten Geldes. Ihre größte Schwäche: Sie sind nicht knapp, sondern können von den Zentral- und Geschäftsbanken nach Belieben vermehrt werden. Durch die Aufblähung der Geldmenge, auch *Inflation* (von lateinisch *inflare* = aufblähen) genannt, verliert das Geld der Bürger unweigerlich an Kaufkraft, denn der größeren Geldmenge stehen nicht im gleichen Umfang mehr Güter und Dienstleistungen gegenüber, sodass die Preise steigen müssen. Für die Regierenden ist die Vermehrung der Geldmenge eine verlockende Methode, „soziale Wohltaten" zu finanzieren, um sich bei den Wählern beliebt zu machen und so ihre Wiederwahl zu sichern. Die Inflation wirkt wie eine versteckte Steuer, ist aber nicht so unpopulär wie eine offene Besteuerung, der das Parlament zustimmen muss.

Viele Menschen, sogar Wirtschaftswissenschaftler, verwenden das Wort *Inflation* gleichbedeutend mit *Teuerung*. Doch das sind zwei verschiedene Dinge. Sie sind zwar eng miteinander verknüpft, sollten jedoch klar auseinandergehalten werden. Die Inflation, also die Aufblähung der Geldmenge, ist der Hauptgrund

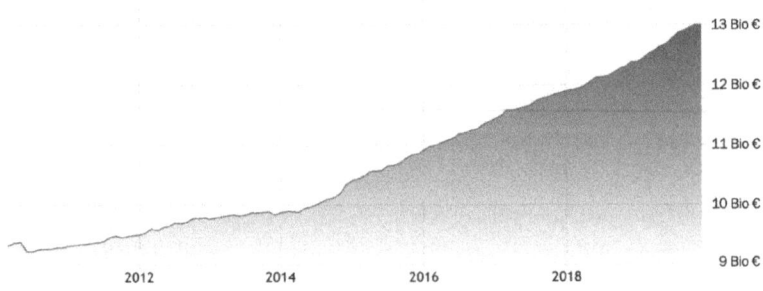

Wachstum der Geldmenge M3 im Euroraum

dafür, dass viele Preise steigen. Eigentlich müssten sie angesichts der gestiegenen Produktivität und der besseren globalen Arbeitsteilung fallen, so wie es bei einigen Gütern wie Computern und Handys trotz Inflation der Fall ist. Wenn in den Nachrichten von der „Inflationsrate" gesprochen wird, ist damit in Wirklichkeit die Teuerungsrate eines von der Regierung willkürlich festgelegten Warenkorbs gemeint. Dinge wie Aktien oder Immobilien, deren Preise durch die Inflation besonders stark steigen, sind in diesem Warenkorb jedoch gar nicht enthalten. Hier werden von den Mächtigen bewusst Begriffe durcheinandergewürfelt und falsch verwendet, um von den wirklichen Zusammenhängen abzulenken. Die Preise steigen nämlich nicht aus heiterem Himmel, sondern weil die Regierung und ihre Zentralbank die Geldmenge bewusst manipulieren. Ich empfehle daher, den Begriff *Inflation* nur für die Aufblähung der Geldmenge zu gebrauchen und ansonsten von *Teuerung* zu sprechen. Es ist wichtig, dass wir Ursache und Wirkung nicht miteinander verwechseln.

Das herrschende Geldsystem ist ungerecht und schädlich. Es führt zu wirtschaftlichen Verzerrungen auf Kosten der arbeitenden Bevölkerung. Seit es 1971 in seiner Reinform ohne jeden Rest von Golddeckung besteht, sind die öffentlichen und privaten Schulden in allen wichtigen Volkswirtschaften explosionsartig angestiegen. Es ist vollkommen unmöglich, diese Kredite jemals wieder auf ehrlichem Wege zurückzuzahlen. Die einzigen Auswege aus Sicht der Regierungen sind Schuldenschnitte, Hyperinflationen oder Währungsreformen – oder eine Kombination daraus. In allen Fällen würden die finanziellen Ersparnisse der Bürger stark abgewertet oder sogar völlig vernichtet werden. Noch wird der Zusammenbruch unseres Geldsystems durch die Erzeugung immer neuen Geldes zeitlich hinausgezögert, doch lange wird dieses Kartenhaus nicht mehr halten.

Auf der Suche nach dem besseren Geldsystem

Doch was ist die Alternative? Ludwig von Mises, der wohl herausragendste Ökonom des 20. Jahrhunderts, hat eine Rückkehr zum Goldstandard und eine Abkehr vom Teilreservesystem vorgeschlagen. Jeder Geldschein wäre dann nichts weiter als eine Quittung für bei einer Bank gelagertes Gold. Durch eine solche Volldeckung des Geldes müssten die Regierungen wesentlich disziplinierter wirtschaften, als sie es heutzutage tun, denn Gold lässt sich nicht wie Papier oder digitales Geld beliebig vermehren. Überbordende Staatsverschuldung und chronische Inflation, wie sie heutzutage gang und gäbe sind, wären ausgeschlossen. Auch Kriege wären kaum mehr finanzierbar.

Doch werden sich die Mächtigen die Kontrolle über das Geld wirklich freiwillig aus der Hand nehmen lassen? Das bezweifle ich. Auch wenn ein neuer Goldstandard viele Vorteile hätte, müssten sich alle wichtigen Regierungen darauf einigen, was extrem unwahrscheinlich ist. Wenn wir ein besseres Geldsystem wollen, geht das nur ohne die Regierungen. Der österreichische Ökonom und Nobelpreisträger Friedrich August von Hayek hat bereits 1976 eine Trennung von Geld und Staat und einen freien Wettbewerb der Währungen als Lösung vorgeschlagen. „Der einzige Weg, letztlich die Zivilisation zu retten, wird darin bestehen, den Regierungen ihre Macht über das Geld zu entziehen", schreibt Hayek in seinem Buch „Entnationalisierung des Geldes". „Die bisherige Instabilität der Marktwirtschaft ist eine Folge davon, dass der wichtigste Regulator des Marktmechanismus, das Geld, seinerseits von der Regulierung durch den Marktprozess ausgenommen wurde."[7]

Damals erschien dieser Vorschlag utopisch, doch heute ist er durch Kryptogeld zur Realität geworden. Und eventuell wird Ludwig von Mises' Wunsch nach einem neuen Goldstandard

KAPITEL 1 | KOMMT DER GROSSE CRASH?

ja in Form einer goldgedeckten, dezentralen Kryptowährung umgesetzt.

1.3 Das Ende des China-Booms

China hat in den letzten Jahrzehnten eine erstaunliche wirtschaftliche Entwicklung genommen. Vom kommunistischen Armenhaus, in dem Millionen von Menschen verhungerten, ist das „Reich der Mitte" seit den Reformen, die Deng Xiaoping in den späten 1970er-Jahren einleitete, zur wirtschaftlichen Großmacht aufgestiegen. Dies wurde möglich, weil die formell immer noch kommunistische Regierung deutlich mehr Marktwirtschaft und privates Unternehmertum zugelassen hat. Viele Jahre lang wuchs die chinesische Wirtschaft mit Steigerungsraten zwischen 10 und 15 Prozent pro Jahr. Westliche Unternehmen haben sehr davon profitiert, dass der Wohlstand in China stark zunahm und sich über eine Milliarde Chinesen mehr leisten konnten – von deutschen Autos bis zu italienischen Modeartikeln. Ohne die Erschließung des riesigen chinesischen Marktes wäre der anhaltende Exporterfolg der deutschen Industrie wohl nicht möglich gewesen.

Wachstum auf Pump

Doch es deutet sich an, dass dieser jahrzehntelang anhaltende Boom allmählich – oder vielleicht auch schlagartig – zu Ende geht. Ein Großteil des chinesischen Wachstums ist nämlich durch billige Kredite finanziert. Wenn man sich Geld für vier Prozent leiht und zum Beispiel in chinesische Immobilien investiert, die jedes Jahr um 20 Prozent im Preis steigen, ist die Rechnung einfach. Selbst wenn die Immobilie unvermietet bleibt und keine Einnahmen erzielt – solange man sie nach einem Jahr mit Gewinn verkaufen kann, hat sich das Geschäft gelohnt. Doch was passiert, wenn sich die Wachstumsraten, was in letzter Zeit zu beobachten ist, abflachen? Was geschieht, wenn die Zinsen angehoben werden?

Dann rechnet sich das Spiel nicht mehr, die Investoren ziehen ihr Geld ab und das Kartenhaus fällt in sich zusammen. Zwar kommt nur ein geringer Teil der chinesischen Kredite aus dem Ausland, doch wenn die US Federal Reserve ihren Leitzins erhöht, wird das auch die chinesische Wirtschaft hart treffen. Der chinesische Analyst Niu Dau sagt dazu: „China ist die größte Blase der Weltwirtschaftsgeschichte, und steigende amerikanische Zinsen werden sie zum Platzen bringen."[8]

Boomtown Schanghai

Geisterstadt Kangbashi

Verschwendung durch Planwirtschaft

So eindrucksvoll das chinesische Wirtschaftswunder sein mag, Chinas Wirtschaft ist höchst verwundbar. Viele chinesische Unternehmen machen operative Verluste und überleben nur, weil sie von den Banken immer wieder zinsgünstige Kredite erhalten – natürlich auf Geheiß der Regierung, die kein Interesse an Firmenpleiten hat. China ist zwar in den letzten Jahren wesentlich marktwirtschaftlicher geworden als früher, doch es gibt immer noch 5-Jahres-Pläne und staatliche Eingriffe in die Wirtschaft. Wenn die KP Chinas beschließt, dass nicht nur im Südosten des Landes, sondern auch im armen Norden mehr Wachstum entstehen soll, dann werden kurzerhand für Milliardenbeträge Großstädte ins Nichts gesetzt. Für rund eine Million Menschen wurde zum Beispiel an der Grenze zur Mongolei die Stadt Kangbashi hochgezogen. Doch kaum jemand will dort leben, die Stadt steht größtenteils leer – eine gigantische Verschwendung von

Ressourcen, die in einem marktwirtschaftlichen System unmöglich wäre.[9]

Die japanische Blase

Geschichte wiederholt sich nicht, doch oft reimt sie sich. Ein Blick auf Japan zeigt, was China bevorstehen könnte. In den 1980er-Jahren galt Japan als die kommende Wirtschaftsmacht Nummer 1. Japanische Firmen nahmen ihren Konkurrenten in den USA und Europa immer mehr Marktanteile ab. Das „Reich der aufgehenden Sonne" erlebte ein Feuerwerk der Börsenkurse und Immobilienpreise. Japanische Immobilien waren Mitte der 1980er-Jahre um ein Vielfaches teurer als vergleichbare US-amerikanische. Auf dem Gipfel des Booms hatte allein das Gebiet des Kaiserpalastes in Tokio einen höheren Marktwert als der gesamte Bundesstaat Kalifornien. Doch das japanische Wachstum beruhte auf niedrigen Zinsen und leichtfertig vergebenen Krediten. Ende der 1980er-Jahre hob die US Federal Reserve ihre Leitzinsen mehrfach an, das rapide Wachstum der japanischen Wirtschaft ließ nach. 1990 stürzte der japanische Aktienindex Nikkei 225 um rund die Hälfte ab. In der Folgezeit brachen auch die völlig überhöhten Immobilienpreise ein. Bis heute hat sich die japanische Wirtschaft vom Platzen dieser Blase nicht erholt. Der Nikkei 225 ist immer noch weit von seinen Höchstständen entfernt. Die japanische Staatsverschuldung liegt mit über 200 Prozent des Bruttoinlandsprodukts deutlich höher als die aller anderen Industrieländer.[10]

Zombie-Unternehmen

Die Verschuldung chinesischer Unternehmen beträgt etwa 19 Billionen US-Dollar, also rund 160 Prozent des Bruttoinlandsproduks. In den USA liegt diese Kennzahl bei nur rund 75 Prozent. Doch während japanische oder US-amerikanische Unternehmen in der Regel mit Gewinn arbeiten, besteht ein erschreckend hoher Anteil der chinesischen Wirtschaft aus Zombie-Unternehmen, die ohne günstige Kredite und den Willen der Staatsführung, sie am Leben zu halten, insolvent wären. Die ersten chinesischen Unternehmen können ihre Schulden bereits nicht mehr zurückzahlen.[11] Das kann eine Kreditkrise in China auslösen, die eine internationale Lawine in Gang setzt, die mit nichts vergleichbar ist, was die Welt bisher gesehen hat. Die Weltwirtschaft ist heute deutlich stärker vernetzt als noch zu Beginn der 1990er-Jahre, als die japanische Wirtschaft abstürzte. Wenn die ungleich größere chinesische Blase platzt, dürften die globalen Folgewirkungen um ein Vielfaches größer sein.

1.4 Vom Negativzins zum Staatsbankrott

Die 2007/2008 ihren Höhepunkt findende Finanzkrise begann damit, dass in den USA Immobilienkredite an Menschen vergeben wurden, die sich eigentlich kein Wohneigentum leisten konnten. Gesetzliche Grundlage dafür war der *Housing and Community Development Act of 1992*, der die US-Banken verpflichtete, Immobilienkredite an sozial Schwache zu vergeben, die sich sonst kein eigenes Haus hätten kaufen können. Eine wichtige Rolle spielten dabei die staatlichen Kreditinstitute Fannie Mae und Freddie Mac, die einen großen Teil dieser Immobilien finanzierten. Die scheinbar sicheren, weil durch Immobilien gedeckten Kredite, wurden in immer komplizierter verschachtelten Finanzprodukten wie *Credit Default Swaps* oder *Collateralized Loan Obligations* verpackt.

Diese Derivate wurden von den Ratingagenturen wie Moody's oder Standard & Poor's mit der Bestnote AAA versehen, schienen also ein sehr sicheres Investment zu sein. Doch als sich zeigte, dass viele der ihnen zugrunde liegenden Kredite nicht mehr bedient werden konnten, verloren die scheinbar risikolosen Derivate massiv an Wert. Dadurch litten viele Banken an Zahlungsschwierigkeiten und liehen sich untereinander kein Geld mehr. Es kam zu einer Kreditklemme. Das weltweite Finanzsystem drohte zusammenzubrechen. Um dies zu verhindern, wurden viele Banken und Versicherungen mit Steuergeldern gerettet und teilweise verstaatlicht, denn sie waren angeblich „systemrelevant" und „too big to fail". Nur bei der Investmentbank Lehman Brothers machte man eine Ausnahme und ließ sie pleitegehen – vermutlich, weil in der Regierung der USA damals viele ehemalige Mitarbeiter des Lehman-Konkurrenten Goldman Sachs saßen. Die Finanzkrise von 2007/2008 wurde also nicht etwa durch den angeblich „unregulierten Turbokapitalismus" ausgelöst, sondern durch Eingriffe des Staates in die Wirtschaft.

Maßnahmen aus der Mottenkiste

Um die 2008 weltweit in eine Rezession schlitternde Wirtschaft „anzukurbeln", wurden von vielen Regierungen und Zentralbanken die von John Maynard Keynes in den 1930er-Jahren vorgeschlagenen Instrumente eingesetzt: Die Zinsen wurden massiv gesenkt und der Markt mit billigem, aus dem Nichts erzeugten Geld überschwemmt. Zudem gab es in einigen Ländern aus Steuergeldern finanzierte Kaufanreize, um „den Konsum anzuregen", in Deutschland und den USA etwa eine Abwrackprämie für Autos. Der Staat zahlte dabei Geld an jeden, der sein altes Auto durch ein neues ersetzte. Es sollte sich jedoch mittlerweile herumgesprochen haben, dass die Instrumente aus Keynes' Mottenkiste keine nachhaltige Wirkung haben, sondern nur viel Geld kosten und nach kurzer Zeit verpuffen. Bei Politikern, die keine Ahnung von wirtschaftlichen Zusammenhängen haben, sind sie trotzdem sehr beliebt. Immerhin können sie so ihren Wählern zeigen, dass sie alles in ihrer Macht Stehende tun, um die Krise zu beenden. Hätten sie nur mehr Macht, wie viel mehr könnten sie dann tun!

Wann platzt die Anleiheblase?

Eine durch staatliche Eingriffe erzeugte Krise eines staatlichen Geldmonopolsystems durch noch mehr staatliche Eingriffe zu lösen, kommt einer Quadratur des Kreises gleich. Die Zentralbanken haben seit 2008 massiv Staats- und Unternehmensanleihen für frisch gedrucktes Geld gekauft. Statt ein auf Schulden basierendes, krankes System an der Wurzel zu reformieren, wurden immer mehr Schulden gemacht. 2008 betrug die Menge der staatlichen und privaten Schulden 173 Billionen US-Dollar, 2019 war sie bereits auf 250 Billionen Dollar angewachsen.[12] Die Maßnahmen der Politiker wirken so, also würde man einen Brand

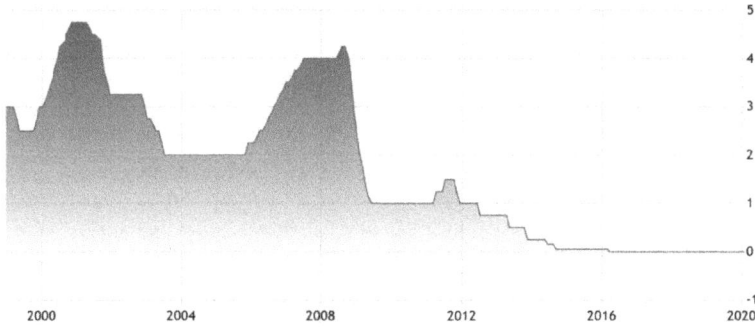

Zinsentwicklung im Euroraum

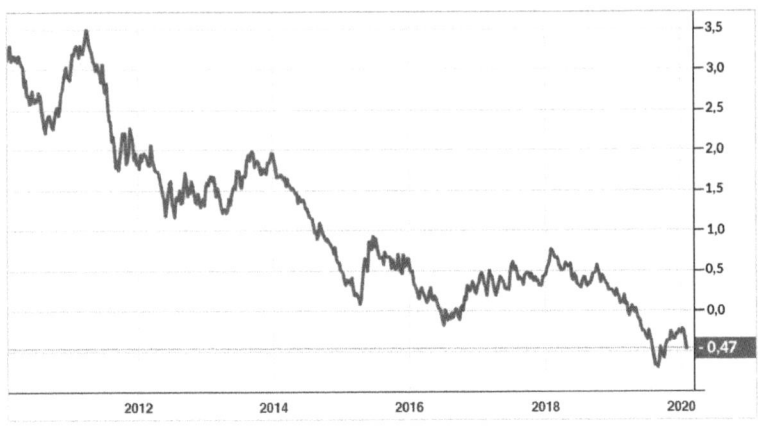

Zinsentwicklung deutscher Staatsanleihen

mit Benzin löschen wollen. „Die Erträge von Anleihen sind weltweit die niedrigsten in der 500-jährigen Geschichte", sagt Starinvestor Bill Gross. „Es gibt Anleihen im Wert von zehn Billionen Dollar mit negativen Zinsraten – das ist eine Supernova, die eines Tages explodieren wird."[13]

Seit 2008 haben die Zentralbanken die Leitzinsen immer weiter abgesenkt. Die Zinsen für deutsche Staatsanleihen sind mittlerweile sogar negativ. Das heißt: Die deutsche Regierung bekommt Geld geschenkt, wenn sie sich etwas leiht. Die Geschäftsbanken müssen auf ihre Einlagen bei den Zentralbanken Strafgebühren zahlen, statt dafür Zinsen zu erhalten, wie es natürlich wäre. Die ersten Banken haben bereits damit begonnen, diese Negativzinsen an ihre Kunden weiterzureichen. Damit ist die eigentliche Funktion des Zinses außer Kraft gesetzt.

Der Sinn des Zinses

Menschen schätzen in der Regel die frühere Erfüllung eines Bedürfnisses höher, als wenn es zu einem späteren Zeitpunkt befriedigt wird. Genau das drückt die *Zeitpräferenz* aus, ein zentraler Begriff in der Zinstheorie der Wiener Schule der Volkswirtschaft, die im Wesentlichen von Eugen Böhm von Bawerk formuliert wurde. Zeitpräferenz und Zins sind immer positiv. 1.000 Euro werden heute höher wertgeschätzt als 1.000 Euro in einem Jahr. Ich würde sie nur dann verleihen (es sei denn, an einen sehr guten Freund), wenn ich dafür in einem Jahr zum Beispiel 1.100 Euro erhielte. In einem marktwirtschaftlichen System, in dem sich der Zins frei und ungehindert auf dem Markt bilden kann, wäre ein Negativzins undenkbar. Doch im Geldsozialismus unserer Zeit kommt der Zins nicht etwa durch Angebot und Nachfrage zustande, er wird von einer zentralstaatlichen Behörde festgesetzt, so wie der Preis eines Trabis in der DDR.

Die Käufer von Staatsanleihen mit negativer Rendite sind in der Regel große Pensionsfonds oder Versicherungen. Sie sind gesetzlich dazu verpflichtet, einen Teil der Kundengelder in „sichere" Anlageklassen wie Staatsanleihen zu investieren, sonst würden sie es wohl kaum tun. Von den niedrigen oder negativen Zinsen profitieren die Finanzminister: Sie müssen weniger Geld zurückzahlen, als sie sich geliehen haben. Aber auch Unternehmen, die eigentlich längst hätten Insolvenz anmelden müssen, können sich durch Kredite mit niedrigen oder Negativzinsen am Leben halten. Solche Zombie-Unternehmen sind jedoch problematisch. Die Ressourcen, die benötigt werden, um eigentlich insolvente Unternehmen künstlich am Leben zu halten, könnten an anderer Stelle sinnvoller eingesetzt werden. In vielen Ländern ist der Anteil solcher Zombie-Unternehmen an der Wirtschaft mittlerweile zweistellig. In den USA wird er auf etwa 10 Prozent geschätzt, in Deutschland auf rund 15 Prozent, in Griechenland auf über 30 Prozent.[14] Eine freie (sprich soziale) Marktwirtschaft lebt dem österreichischen Ökonomen Joseph

Schumpeter zufolge von der „kreativen Zerstörung". Doch leider sind die natürlichen Selbstheilungskräfte des Marktes durch das Monopolgeldsystem und die schädlichen Eingriffe der Politik zu einem Großteil außer Kraft gesetzt.[15, 16]

Zum Schaden der Sparer und Mieter

Besonders schädlich sind die Niedrig- und Negativzinsen für die Sparer. Ihr Geld wird durch die Inflation immer weniger wert. Die Zinsen für Sparguthaben sind niedriger als die Preissteigerungsrate. Die Ersparnisse werden also bei Niedrigzinsen schleichend enteignet, bei Negativzinsen erst recht. Aber auch andere klassische Anlageformen wie Staatsanleihen rentieren sich – wie wir gesehen haben – nicht mehr. Wer sich an riskantere Anlagen wie Aktien und Kryptowährungen nicht herantraut, hat heute kaum noch eine Alternative.

Immobilien gelten immer noch als relativ sichere Geldanlage. Ein Großteil des in den Markt gepumpten Geldes wird daher in Immobilien investiert. Das treibt ihre Preise nach oben. Seit der Finanzkrise 2008 sind die Immobilienpreise in Deutschland um 47,3 Prozent gestiegen.[17] In der Folge verteuern sich natürlich auch die Mieten. Politiker, die daraufhin eine staatliche Mietpreisdeckelung fordern, so wie sie von den Nationalsozialisten 1936 eingeführt und von den DDR-Sozialisten beibehalten wurde, mögen sich bei den Wählern beliebt machen, richten damit aber noch mehr Schaden an. Wer wird schon in den Neubau von Immobilien investieren, wenn man damit Geld verliert? Doch wenn nicht neu gebaut wird, bleibt das Angebot zu gering, die Preise müssten dann eigentlich noch weiter steigen. Wenn das verboten ist, verrotten die Häuser, so wie man es in der DDR als Folge der (national-)sozialistischen Mietpreisgesetze beobachten konnte.

Wird Bargeld verboten?

Politiker und Zentralbanker haben verständlicherweise kein Interesse daran, die Zinsen zu erhöhen, weil das Finanzsystem dann in nicht abzusehende Schwierigkeiten käme. Sie wollen lieber Null- und Negativzinsen durchsetzen. Doch wer würde sein Geld zu Negativzinsen auf dem Bankkonto lassen? Da ist es vernünftiger, es abzuheben und in bar unter der Matratze zu lagern. Doch wenn das jeder täte, würde das Teilreservesystem in sich zusammenbrechen. Um dies zu verhindern, wird von vielen Politikern die Abschaffung des Bargelds gefordert. In Schweden ist es ihnen bereits fast gelungen.

So etwas wird nicht über Nacht kommen, sondern in kleinen Schritten eingeführt, damit die Menschen sich daran gewöhnen und nicht dagegen rebellieren.[18] Zum Beispiel sollen die Gebühren für das Abheben von Bargeld an Geldautomaten deutlich erhöht werden, sodass man lieber per Überweisung oder Geldkarte bezahlt als in bar. Auch die Grenzen, bis zu denen man mit Bargeld legal bezahlen kann, werden gesenkt. In Italien ist es verboten, etwas in bar für mehr als 1.000 Euro zu bezahlen. In Deutschland wurde die Obergrenze für den anonymen Erwerb von Gold in bar von 10.000 auf 2.000 Euro gesenkt. Um all das durchzusetzen, werden Scheinargumente wie Terrorfinanzierung, Drogenhandel oder Geldwäsche vorgeschoben. Auch die virale Ansteckungsgefahr durch Geldscheine wird seit der Coronavirus-Panik als Argument genannt. Doch der eigentliche Grund liegt darin, die Flucht aus dem Bankensystem zu verhindern. Zum Glück gibt es für den freiheitsliebenden Bürger, der sich sein Bargeld nicht verbieten lassen will, heute eine Alternative: digitales, nicht staatliches Bargeld. Mehr dazu in den Kapiteln 2 und 3.

Das Dilemma der Banken

Auch die Banken leiden unter den Niedrigzinsen. Geld aus dem Nichts zu schöpfen und dann darauf Zinsen zu verlangen, ist eigentlich ein traumhaftes Geschäftsmodell. Doch wenn die Zinsen so gering sind, dass sie die Kosten nicht mehr decken, rechnet es sich nicht mehr. Die Aktiva der Banken, also im Wesentlichen die von ihnen vergebenen Kredite, werfen immer weniger Rendite ab. Viele Banken schreiben daher Verluste und zehren ihr Eigenkapital auf. Ihre Eigenkapitalquote – also ihr Eigenkapital dividiert durch ihre Aktiva – darf jedoch nicht weniger als acht Prozent betragen, da sie sonst Insolvenz anmelden müssten. Anstatt neue Kredite zu vergeben, müssen die Banken also eher Kredite abbauen – ansonsten besteht die Gefahr, dass ihre Eigenkapitalquote unter diese gesetzlich vorgeschriebene Grenze fällt. Die klassischen Programme der Zentralbanken zur Ankurbelung der Wirtschaft verpuffen somit, denn die Banken können das Geld der Zentralbank gar nicht in Kredite umsetzen. Das Erzeugen neuen Geldes aus dem Nichts hat daher nicht den gewünschten positiven Effekt. Die oben erwähnten Zombie-Unternehmen kommen immer schwerer an neue Kredite, wodurch sie insolvent zu werden drohen.

Hinzu kommt, dass die Politiker nach der Finanzkrise von 2008 eine Fülle neuer Regulierungsvorschriften erlassen haben, die höhere Kosten zur Folge haben. Viele Mitarbeiter in Banken und Finanzunternehmen arbeiten nicht produktiv, sondern sind nur dazu da, gesetzliche Vorschriften zu erfüllen, deren Wirkung fragwürdig ist. Ihr wichtigster Effekt ist die Verhinderung von Wettbewerb, denn nur wenige Start-ups im Finanzsektor können sich die hohen Kosten dieser Überregulierung leisten.

Die Banken stecken in einem Dilemma: Wenn die Zinsen weiterhin so niedrig bleiben, können sie auf Dauer kein Geld mit ihrem Kerngeschäft, der Kreditvergabe, machen. Doch wenn die Zentralbanken die Zinsen anheben, bekommen die Geschäftsbanken ebenfalls Probleme. Viele Kredite haben sie zu einem niedrigen Festzins vergeben, der für mehrere Jahre garantiert ist. Finanziert haben sie diese in der Regel über kurzfristige Kredite, was nicht sehr vernünftig, aber gängige Praxis ist. Steigen die Zinsen, können Banken in die Verlustzone schlittern – und zwar dann, wenn die Zinsen, die der Kreditnehmer zahlt, geringer sind als die nunmehr erhöhten Kreditkosten der Banken. Sollten die Zinsen nach Ablauf einer beispielsweise zehnjährigen Zinsbindung wieder ein normales Maß erreichen, würde sich die Zinsbelastung des Häuslebauers plötzlich drastisch erhöhen. Vermutlich würde so mancher Kreditnehmer dann zahlungsunfähig, was ebenfalls keine gute Nachricht für die Banken wäre.

Von der Banken- zur Staatskrise

Wenn Zombie-Unternehmen keine Kredite mehr bekommen, müssen sie in die Insolvenz gehen. Eigentlich wäre das ein natürlicher und sogar gesunder Vorgang, doch wenn auf einen Schlag viele Unternehmen pleitegehen, die es eigentlich längst nicht mehr hätte geben sollen, häufen sich die Probleme. Wenn Kredite ausfallen, halten die Banken nur noch die Sicherheiten, die die Unternehmen dafür hinterlegt haben, etwa Immobilien oder Wertpapiere. Die Banken werden dann versuchen, diese Sicherheiten zu verkaufen, um wenigstens etwas Geld aus dem missglückten Kreditgeschäft zu erhalten. Doch wenn viele Unternehmen auf einmal insolvent gehen, werden viele Banken gleichzeitig versuchen, die Sicherheiten auf den Markt zu werfen, was logischerweise dazu führt, dass deren Preise fallen.

In so einer negativen Preisspirale kommt auch der Interbankenmarkt zum Stillstand. Die Banken leihen einander dann kein Geld mehr. Viele Banken werden pleitegehen und versuchen, vom Staat mit Steuermitteln gerettet zu werden, weil sie „systemrelevant" seien, wie wir es in der letzten Finanzkrise erlebt haben. Doch anders als 2008 sind viele Staaten inzwischen so hoch verschuldet, dass sie keine neuen Anleihen mehr ausgeben können, um sich noch weiter zu verschulden. Ihre Steuereinnahmen reichen nicht aus, um deren Zinsen und Tilgung zu bedienen. Kaum jemand würde neue Anleihen eines Staates kaufen, dem man nicht zutraut, seine Schulden bedienen zu können. Zusätzlich steigen durch das schwindende Vertrauen der Anleger die Zinsen auf Anleihen aus der Vergangenheit. All diese Faktoren führen dazu, dass Staatsbankrotte unvermeidlich werden.

Bisher haben wir Staatsbankrotte nur in einzelnen Fällen erlebt, etwa in Argentinien oder dem Libanon. Wenn jedoch viele Staaten auf einmal bankrottgehen, werden auch die Mittel der Weltbank und des Internationalen Währungsfonds knapp, die in solchen Situationen normalerweise eingreifen. In der Eurozone kommt hinzu, dass auch die noch als solide geltenden Staaten wie Deutschland, Finnland oder die Niederlande mit in die Insolvenz gerissen werden, da sie für die Schulden der anderen Eurostaaten mithaften. Die Regierungen können sich dann nur noch durch Enteignungen der Bürger und Unternehmen finanzieren.

Die Coronapanik

Die weltweite Panik über die Ausbreitung von SARS-CoV-2, umgangssprachlich „Coronavirus" genannt, hat die Wahrscheinlichkeit einer großen Wirtschaftskrise nochmals erhöht. Die Diskussion darüber, wie gefährlich oder ungefährlich dieses

Virus tatsächlich ist und was man tun sollte, um seine Verbreitung einzudämmen, überlasse ich lieber den Experten. Die Meinungen dazu gehen ja weit auseinander. Auch an Spekulationen, dass die Viruspanik künstlich inszeniert sei, um einen Schuldigen für eine ohnehin unvermeidliche Krise zu finden, möchte ich mich nicht beteiligen.

Was man jedoch ohne Zweifel feststellen kann: Die Maßnahmen vieler Regierungen, die auf die Virusgefahr mit Ausgangssperren, Grenzschließungen, dem Verbot von Kultur- und Sportveranstaltungen und der Sperrung von Restaurants, Cafés und Geschäften reagierten, haben die wirtschaftliche Existenz vieler Menschen gefährdet. Eigentlich gesunde Unternehmen

sind pleitegegangen, weil sie nicht genug Rücklagen hatten, um ihre Verluste während des staatlich verordneten *Shutdowns* zu überbrücken. Wer konnte auch mit so etwas rechnen? Freiberuflern ist ein großer Teil ihrer Einnahmen weggebrochen. Größere Unternehmen haben auf Kurzarbeit umgestellt oder Mitarbeiter entlassen.

Um angeschlagene Unternehmen zu retten und in Not geratene Menschen zu unterstützen, haben viele Regierungen gigantische finanzielle Hilfsprogramme aufgesetzt. Das ist verständlich, wird aber langfristig gravierende Folgen für das Finanzsystem haben, die wahrscheinlich sehr viel schädlicher sein werden als das Virus selbst. Die Europäische Zentralbank kauft im Rahmen ihres *Pandemic Emergency Purchase Programme (PEPP)* für 750 Milliarden Euro Staatsanleihen, sprich, sie schafft neues Geld aus dem Nichts und leiht es den Regierungen zum Nulltarif.[19] Die USA pumpen zwei Billionen neu generierter US-Dollar in die Wirtschaft.[20] Die ohnehin schon hohe Staatsverschuldung der USA wird dadurch noch einmal massiv zunehmen. Es sollte klar sein, was diese Maßnahmen für alle Besitzer von Euro oder US-Dollar bedeuten: Ihr Einkommen und ihre Ersparnisse werden weniger wert, denn es ist unvermeidlich, dass durch eine solche Aufblähung der Geldmenge die Preise steigen und die Kaufkraft des Geldes sinkt.

Die USA können sich eine solch gigantische Verschuldung nur deshalb leisten, weil der Dollar die Weltwährung ist. Ein Großteil des internationalen Handels läuft darüber. Saudi-Arabien und die anderen OPEC-Staaten lassen sich ihr Öl ausschließlich in US-Dollar bezahlen. Die Nachfrage nach Geld, das die US Federal Reserve aus dem Nichts schöpfen kann, ist also für die absehbare Zukunft garantiert. Alle anderen Regierungen haben diesen Luxus nicht. Die meisten Eurostaaten sind bereits so stark verschuldet, dass große Rettungspakete eigentlich außerhalb ihrer Möglichkeiten liegen. Viele Entwicklungsländer trifft es noch härter, denn ihre Staatsschulden sind oft in US-Dollar denominiert. Bevor die Regierungen Menschen verhungern lassen, verschulden sie sich vermutlich trotzdem. Weitere Staatsbankrotte sind also vorprogrammiert.

An welcher Stelle das auf Schulden basierende Finanzsystem zuerst kollabiert, ob das Coronavirus oder der Euro der Auslöser sein wird, ob die China-Blase platzt oder ob reihenweise Banken pleitegehen, deren Geschäftsmodell sich wegen der Negativzinsen nicht mehr lohnt, kann niemand genau vorhersagen. Vielleicht geschieht auch alles gleichzeitig. Es wäre jedenfalls höchst unvernünftig, sich nicht gegen einen großen Crash zu wappnen.

2

Digitales Bargeld

Wie wir in Kapitel 1 gesehen haben, ist es keine gute Idee, Staaten, Regierungen und Banken zu vertrauen, wenn es ums Geld geht. Insbesondere in der bevorstehenden Wirtschaftskrise wäre es sehr riskant, sein Geld auf Bankkonten schrumpfen zu lassen oder es gar in dubiose Finanzprodukte wie Staatsanleihen mit Negativzinsen zu stecken. Wir brauchen ein alternatives System, mit dem wir Geld speichern und verwenden können, ohne auf Banken, Kreditkartenunternehmen und staatliche Behörden angewiesen zu sein.

Genau zu diesem Zweck wurden Kryptowährungen wie Bitcoin erfunden. In Krisenzeiten sind sie ein hervorragendes

Mittel, um uns vor unerwünschten Zugriffen des Staates, vor gesperrten Konten, beschlagnahmten Ersparnissen und sonstigen kriminellen Machenschaften der Mächtigen zu schützen. Natürlich haben auch Kryptowährungen ihre Nachteile und Risiken, auf die wir später eingehen werden. Doch die Vorteile, die sie für unsere finanzielle Freiheit bieten, sind immens. Zunächst wollen wir die Grundlagen dieser neuen Art von Geld verstehen. Im Folgenden nehme ich stellvertretend Bitcoin als Beispiel, weil es die „Mutter aller Kryptowährungen" und mit Abstand am weitesten verbreitet ist. Es gibt viele Hundert weitere Cryptocoins, die recht ähnlich funktionieren wie Bitcoin. Wer mehr darüber wissen und die verschiedenen Typen kennenlernen möchte, findet diese Informationen in meinem Buch „Cryptocoins – Investieren in digitale Währungen".

2.1 Die Grundlagen digitalen Geldes

Am 3. Januar 2009, kurz nach der Finanzkrise von 2008, ging ein Internetprojekt an den Start, das damals nur wenig Beachtung fand: Bitcoin. Doch wie wir sehen werden, hat es das Potenzial, die Welt zu verändern, gerade angesichts der sich anbahnenden Krise. Es beruht auf einem *Whitepaper*[21], das ein gewisser Satoshi Nakamoto am 31. Oktober 2008 auf einer Mailingliste für Kryptografie-Experten veröffentlicht hatte. Er nannte es *Bitcoin: A Peer-to-Peer Electronic Cash System*, also: „Ein elektronisches Bargeldsystem auf Peer-to-Peer-Basis".[22] Unter dem Begriff *Peer-to-Peer* versteht man ein Computernetzwerk, bei dem alle angeschlossenen Rechner gleichrangig („Peers") sind. Jeder Rechner ist Sender und Empfänger zugleich. Es gibt keine hierarchischen Unterschiede wie bei anderen Netzwerken, die aus den Computern normaler User (den

Clients) und den höherrangigen *Servern* bestehen. Peer-to-Peer-Netzwerke haben sich als besonders resistent gegen Attacken herausgestellt und erfreuen sich in der Computerwelt daher wachsender Beliebtheit.

„Bargeld ist gedruckte Freiheit"

Doch was ist elektronisches oder digitales Bargeld? Die meisten Menschen verstehen unter Bargeld, dass sie es sehen und anfassen können, etwa in Form von Münzen oder Scheinen. Doch das ist nicht das Hauptkriterium, das Bargeld von anderen Geldformen wie Giralgeld unterscheidet. Wie wir in Kapitel 1.2 gesehen haben, gehört das Geld auf „unserem" Bankkonto gar nicht uns. Es ist lediglich eine Forderung an die Bank, die uns das mehr oder weniger glaubwürdige Versprechen gibt, es zurückzahlen. Bargeld hingegen ist zweifelsfrei unser Eigentum. Wir können es nach Belieben verwenden und sind dafür nicht auf die Dienstleistungen Dritter angewiesen. „Bargeld ist gedruckte Freiheit" lautet ein geflügeltes Wort, auch wenn bei staatlichem Monopolgeld diese Freiheit stark eingeschränkt ist. Bringen Sie diesen Spruch mal bei einem Venezolaner, dessen Papiergeld jeden Tag an Wert verliert!

Mit der zunehmenden Verbreitung des Internets in den 1990er-Jahren haben viele Computerexperten versucht, digitales Geld zu erfinden, das man über das Internet verschicken kann und das dennoch die gleichen Eigenschaften wie Bargeld hat. Das bedeutet: Es muss klar und für jeden nachvollziehbar sein, wessen Eigentum es ist. Und: Man muss das Eigentum daran so einfach übertragen können wie bei einem Geldschein, den man dem neuen Eigentümer in die Hand drückt – nur, dass zwischen Absender und Empfänger eventuell mehrere Tausend Kilometer liegen, die per Internet überbrückt werden.

Bitcoins Vorläufer

Schon früh begannen Internetpioniere, Kryptografie (also: Verschlüsselungstechnik) für den Nachweis und die Übertragung digitalen Eigentums zu verwenden. Sie verwendeten digitale Schlüssel, um Eigentum an einer „digitalen Münze" nachzuweisen. Digitale Schlüssel wurden außerdem genutzt, um Überweisungen an andere Nutzer abzuzeichnen, also das Eigentum an seinen digitalen Münzen zu übertragen. Eine der ersten Formen digitalen Bargelds war *Ecash* von David Chaum,[23] dessen Prinzipien er bereits 1983 in einem wissenschaftlichen *Paper* beschrieben hatte. Mit seiner Firma *Digicash* betrieb er Ecash in den 1990er-Jahren als kommerzielles Unternehmen, wenn auch ohne großen Erfolg. Weitere Vorläuferprojekte von Bitcoin waren *HashCash* von Adam Back,[24] *B-Money* von Wei Dai[25] und *Bitgold* von Nick Szabo,[26] die ebenfalls auf Kryptografie setzten. Sie kamen jedoch über ein Frühstadium nicht hinaus. Wir können davon ausgehen, dass Satoshi Nakamoto all diese Vorschläge kannte. HashCash und B-Money hat er sogar in seinem Whitepaper explizit erwähnt.

David Chaum, Wei Dai, Nick Szabo, Adam Back

Das *Double-Spending*-Problem

Doch ein Problem konnte keines von Bitcoins Vorläuferprojekten befriedigend lösen: das der Mehrfachausgabe, auch *Double Spending Problem* genannt. Worin besteht es? Bei digitalen Gütern ist bekanntlich das Original so gut wie die Kopie. Man kann von digitalen Dateien unendlich viele Kopien ohne Qualitätsverlust machen. Für Musik- oder Videodateien ist das großartig (zumindest aus Sicht der Nutzer), doch für Geld wäre es ein Problem. Unendlich oft kopierbares Geld hätte keinen Wert, es würde in Windeseile inflationieren. Ecash und andere Bitcoin-Vorgänger kamen daher nicht ohne eine Zentrale aus, in der alle Überweisungen registriert wurden, sodass der Nutzer eine ihm gehörende digitale Münze wirklich nur einmal ausgeben konnte. Satoshi Nakamoto hatte jedoch das erklärte Ziel, ein voll dezentralisiertes System zu schaffen, in dem man keinem Dritten mehr vertrauen muss. Eine zentrale Stelle, die kontrolliert, dass niemand sein Geld mehrfach ausgibt, aber für Manipulation anfällig ist, wollte er unbedingt vermeiden. Es ging ihm darum, ein System zu schaffen, in dem man niemandem vertrauen muss.

Die Blockchain

Seine Lösung war es, alle Überweisungen in einer Art „digitalem Kassenbuch" aufzuzeichnen, der später sogenannten *Blockchain* – im Bitcoin-Whitepaper kommt dieser heute so modische Begriff nicht vor. Eine Blockchain ist auf vielen Tausend Computern dezentral gespeichert. Würde jemand versuchen, dieses Kassenbuch zu seinen Gunsten zu fälschen, müsste er dies an vielen Tausend Stellen gleichzeitig tun. Über einen rechenaufwendigen Prozess, der *Proof of Work* („Nachweis von Arbeitsleistung") heißt, wird sichergestellt, dass es jeweils nur eine einzige gültige Version der Blockchain gibt. Alle am Prozess Beteiligten einigen sich durch dieses Verfahren auf die jeweils aktuellste Version, auch wenn sie sich nicht kennen und vertrauen. Wer seinen Computer dafür zur Verfügung stellt, wird *Miner* genannt.

Jeder Miner bekommt die jeweils neuesten Überweisungen zugeschickt, überprüft, ob sie korrekt sind, und schreibt sie dann in eine Liste, den sogenannten *Block*. Dieser enthält außerdem einen Zeitstempel und verweist auf den jeweils vorherigen Block. Die Blöcke sind also chronologisch angeordnet und bilden eine Kette – die „Blockkette" oder Blockchain. Die Daten des Blocks werden nun Teil einer komplizierten kryptografischen Aufgabe.[27] Der Miner, der sie als Erster löst, darf seinen Block an die Blockchain hängen. Wenn ein Miner behauptet, die Aufgabe gelöst zu haben, überprüfen alle anderen, ob das stimmt. Es ist schwer, die Aufgabe zu lösen, aber einfach, die Gegenrechnung durchzuführen. Ist sie korrekt, verwerfen alle anderen Miner den Block, an dem sie bisher gearbeitet haben, und gehen zum nächsten über, in der Hoffnung, diesmal das Wettrennen zu gewinnen. Der fündige Miner wird mit den neu „geschürften" Bitcoin belohnt. Das ist wichtig, denn die Miner haben relativ hohe Kosten für die Anschaffung und den Betrieb ihrer Rechner. Sie brauchen daher einen finanziellen Anreiz, um das System am Laufen zu halten.

Die Blockchain ist die wesentliche Innovation von Satoshi Nakamoto. Alle anderen Bausteine waren vorher bekannt und wurden in Vorläuferprojekten bereits verwendet. Satoshi hat sie lediglich auf clevere Weise miteinander kombiniert. Doch durch die so simple wie geniale Erfindung der Blockchain ist es Bitcoin im Gegensatz zu seinen Vorläuferprojekten gelungen, aus dem Ideenstadium herauszutreten und eine schier unglaubliche Erfolgsgeschichte zu schreiben: Der Bitcoin-Kurs entwickelte sich von Bruchteilen von Cent in den Anfangsjahren über einen Dollar Anfang 2011 bis zum bisherigen Höchstwert von knapp 20.000 US-Dollar (im Dezember 2017). Auch wenn der Kurs seitdem wieder gefallen ist: Wer in der Frühzeit bei Bitcoin eingestiegen ist, dürfte heute mehrfacher Millionär sein.

Knappheit per Halbierung

Etwa alle zehn Minuten erzeugt das Bitcoin-Netzwerk neue „Münzen", die an die Miner, die es betreiben, ausgeschüttet werden. Sie werden dafür belohnt, das Netzwerk am Leben zu halten. Das Interessante an Bitcoin: Es gibt keine zentrale Instanz, die jemanden für betrügerische Aktivitäten bestrafen könnte. Satoshis Hauptaugenmerk war es, ein System zu schaffen, in dem selbst böswillige Akteure gar nicht anders können, als nach den Regeln zu spielen. Bitcoin ist so aufgebaut, dass es sehr schwer, ja geradezu unmöglich ist, das System zu betrügen.

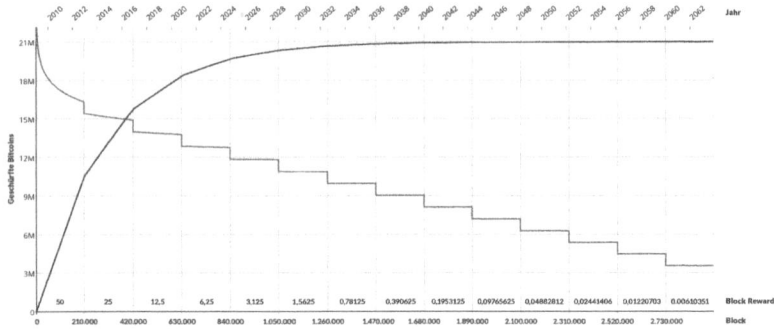

Bitcoin-Inflation

In der Frühzeit von Bitcoin betrug der *Block Reward*, also die Belohnung für jeden neu gefundenen Block, 50 Bitcoin. Im November 2012 wurde er auf 25 Coins halbiert, im Juli 2016 erfolgte eine weitere Halbierung auf 12,5 Bitcoin. Die jüngste Halbierung fand im Mai 2020 statt, seitdem erhalten die Miner für jeden gefundenen Block 6,25 Bitcoin.[28] Die Menge neu hinzukommender Bitcoin nimmt also immer weiter ab. Im Unterschied zu staatlichem Geld, das jederzeit beliebig aus dem Nichts erzeugt werden kann, ist die Zunahme der Bitcoin-Geldmenge genau vorhersehbar und kann nicht verändert werden. Insgesamt kann es nur 64 Halbierungen geben, sodass die maximale Menge an Bitcoin knapp 21 Millionen beträgt. Diese dürfte im Jahr 2140 erreicht werden. Anfang 2020 sind bereits mehr als 18 Millionen Bitcoin geschürft worden. Bitcoin ist von Satoshi Nakamoto also als extrem knapp konzipiert worden, sogar noch knapper als Gold (mehr dazu in Kapitel 3).

Es ist gut möglich, dass Satoshi Nakamoto die Werke von Ludwig von Mises gekannt und seine Erfindung nach dem Vorbild von Gold gestaltet hat. Das ist keineswegs selbstverständlich. Viele Volkswirtschaftler, etwa die Monetaristen um Milton Friedman, sind der Meinung, dass die Geldmenge mit der Wirtschaft mitwachsen müsse. Herrschende Lehrmeinung zurzeit ist es sogar, die Geldmenge jedes Jahr um zwei Prozent wachsen zu lassen, unabhängig vom Umfang der Wirtschaft, denn „ein bisschen Inflation kurbelt den Konsum an". Die Volkswirtschaftler der Wiener Schule, zu der Mises, Hayek und Böhm-Bawerk gehören (siehe Kapitel 4), halten das hingegen für Unfug. Für sie sind die von Natur aus knappen Edelmetalle das beste Geld – den noch knapperen Bitcoin kannten die Granden der Wiener Schule ja noch nicht.

Privater und öffentlicher Schlüssel

Wir haben schon gehört, dass Kryptowährungen für den Nachweis von Eigentum Kryptografie verwenden, daher haben sie ja ihren Namen. Dabei wird das Prinzip der *asymmetrischen Verschlüsselung* benutzt, das Sie vielleicht von der E-Mail-Verschlüsselung kennen. Sie benötigen dafür nicht einen einzigen Schlüssel, sondern jeweils ein Schlüsselpaar. Dieses besteht aus einem privaten und dem dazugehörigen öffentlichen Schlüssel. Den öffentlichen Schlüssel können Sie getrost über ein offenes Medium wie das Internet schicken. Wenn er in die Hände von Kriminellen fällt, macht das nichts. Er dient nur dafür, eine verschlüsselte E-Mail an den Besitzer des Schlüssels zu schicken. Mehr kann man nicht damit tun. Wenn der Empfänger die E-Mail lesen will, braucht er den dazugehörigen privaten Schlüssel. Wer ihn nicht hat, sieht nur Buchstaben- und Zahlensalat.

Ähnlich ist es bei Bitcoin: Sie benötigen den öffentlichen Schlüssel oder genau genommen die daraus erzeugte Bitcoin-Adresse,[29] um Geld an jemanden zu schicken. Der Empfänger braucht hingegen den dazu passenden privaten Schlüssel, um an das Geld heranzukommen und damit eine neue Überweisung abzuzeichnen. Ihre privaten Schlüssel sollten Sie daher streng geheim halten und keineswegs an Dritte weitergeben. Wer Ihre privaten Schlüssel besitzt, hat die Verfügungsmacht über Ihr Geld. Oder, um es mit einem typischen Bitcoin-Spruch zu sagen: *Not your keys, not your coins!* Ich schreibe bewusst in der Mehrzahl, denn Sie können unendlich viele dieser Schlüsselpaare besitzen. Ich empfehle Ihnen sogar, für jede Überweisung eine neue Bitcoin-Adresse zu verwenden. Das hat mit dem Schutz Ihrer Privatsphäre zu tun, worauf wir in Kapitel 3 noch genauer eingehen werden.

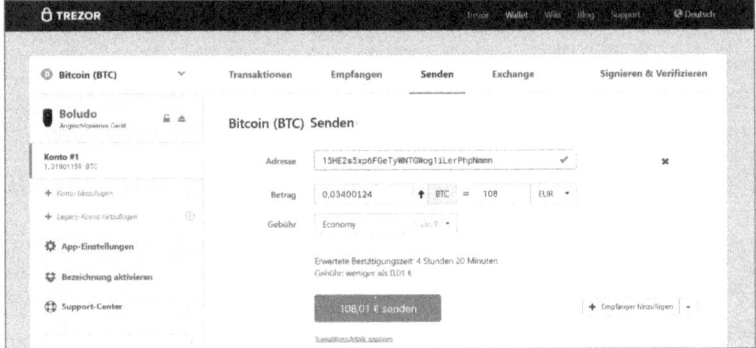

Bitcoin Wallet

Die Bitcoin Wallet

Als normaler Nutzer haben Sie mit Ihren privaten Schlüsseln kaum etwas zu tun. Alle Schlüssel, ob privat oder öffentlich, werden von einer Software verwaltet, die Wallet, also Brieftasche, genannt wird. Der Begriff „Schlüsselring" wäre eigentlich passender, denn die Bitcoin selbst befinden sich nicht, wie der Begriff nahelegt, in der Wallet. Sie sind in der Blockchain gespeichert, die sich bekanntlich auf vielen Tausend Computern im Internet befindet. Die Wallet enthält lediglich die Schlüsselpaare aus öffentlichen und privaten Schlüsseln. *Full Node Wallets*, die einen vollwertigen Knotenpunkt des Bitcoin-Netzwerks darstellen, laden außerdem die komplette Blockchain herunter, was angesichts der großen Datenmenge einige Zeit dauern kann. Daher sind die meisten heutigen Wallets sogenannte *Light Wallets*. Sie verbinden und synchronisieren sich mit einem *Full Node* im Internet, was für die meisten Anwendungsfälle völlig ausreicht. Sie müssen also nicht erst die gesamte Bitcoin-Blockchain herunterladen, sondern können sofort loslegen.

2.2 Wie verwende ich Bitcoin?

Das Erste, was Sie brauchen, um Bitcoin zu benutzen, ist eine eigene Bitcoin Wallet. Wallets gibt es mittlerweile für alle gängigen Betriebssysteme, ob Windows, Mac oder Linux für den Computer oder Android und iOS für das Handy. Sie laden sie sich einfach von der Website des Anbieters herunter oder für Ihr Handy aus dem Google Playstore oder dem Apple App Store. Eine gute Übersicht über die wichtigsten Wallets finden Sie unter https://bitcoin.org/de/waehlen-sie-ihre-wallet.

Die Wallet ist kostenlos. Sie brauchen dafür anders als bei einem Bankkonto keinen Antrag auszufüllen und auch keine Erlaubnis von irgendjemandem, um sie zu benutzen. Jeder Mensch mit Internetzugang kann innerhalb weniger Minuten zum Bitcoin-Nutzer werden. Das ist besonders wichtig für die vielen Milliarden Menschen auf der Welt, die kein Bankkonto haben und auch nur schwer eines bekommen können. Smartphones mit Internetzugang sind hingegen auch in Entwicklungsländern mittlerweile weitverbreitet. Bitcoin kennt im wahrsten Sinne des Wortes keine Grenzen. Es gibt Multi-Wallets, mit denen Sie nicht nur Bitcoin, sondern auch andere Kryptowährungen nutzen können. Jeder der zahllosen Cryptocoins hat außerdem seine eigenen Wallets.

Bitcoin senden

In der Nutzung unterscheiden sich alle Wallets nur geringfügig. Die wichtigsten Funktionen sind *Senden* und *Empfangen*. Um jemandem Bitcoin zu schicken, klicken Sie auf den Reiter oder Button *SENDEN* bzw. *SEND* (die meisten Wallets verstehen nur Englisch) und geben in das Adressfeld die Adresse des Empfängers ein. Dabei handelt es sich um eine Folge aus Zahlen, Groß- und Kleinbuchstaben, die zum Beispiel so aussieht:

3x5tJVnGLC2Uiqg3c7U6i2EaPezq4q3Rjd

Sie werden sie also vermutlich nicht eintippen, sondern lieber herauskopieren und einfügen, etwa von der Website des Empfängers oder aus einer E-Mail. Sie können auch einen QR-Code scannen, der die gleiche Information enthält, was besonders bei der Nutzung per Handy praktisch ist. In ein weiteres Feld geben Sie den Betrag ein, den Sie schicken möchten. Beim Scannen per QR-Code kann der Betrag schon vom Empfänger vorgegeben sein, sodass dieser Schritt entfällt. Als Letztes wählen Sie aus, wie hoch die Gebühr sein soll, die Sie für die Überweisung zahlen möchten. Diese Gebühr erhält der Miner, der den entsprechenden Block findet. Wenn Sie es nicht eilig haben, können Sie eine niedrige Gebühr auswählen. Je höher die Gebühr, desto schneller wird die Überweisung vom Bitcoin-Netzwerk bestätigt, denn die Miner schreiben natürlich Überweisungen mit hohen Gebühren bevorzugt in ihre Blöcke. Dann klicken Sie auf *OK* oder *SEND*, und kurz darauf wird dem Empfänger in seiner Wallet angezeigt, dass das Geld auf dem Weg zu ihm ist. Sobald die Transaktion von Ihrer Wallet an das Bitcoin-Netzwerk geschickt wurde, wird sie in einem der nächsten Blöcke unwiderruflich gespeichert

Bitcoin empfangen

Wenn Sie Geld empfangen wollen, klicken Sie entsprechend auf *EMPFANGEN* oder *RECEIVE*. Sie bekommen dann eine Bitcoin-Adresse und den dazugehörigen QR-Code angezeigt. Sie kopieren diese Adresse und schicken sie an denjenigen, von dem Sie eine Zahlung erwarten. Wenn der Absender direkt vor Ihnen steht, zeigen Sie ihm den QR-Code, sodass er ihn mit seinem Handy scannen kann. Am besten lassen Sie sich gleich eine neue Adresse generieren, es gibt quasi unendlich viele davon. Wie schon erwähnt empfehle ich, für jede Transaktion eine neue Bitcoin-Adresse zu verwenden, um Ihre Privatsphäre zu schützen.

Wenn der Absender seine Überweisung losgeschickt hat, wird dies unmittelbar darauf in Ihrer Wallet angezeigt und nach einiger Zeit bestätigt (siehe Senden). Wenn dies nicht geschieht, der Absender aber behauptet, er hätte gezahlt, gibt es eine einfache Methode, um dies zu überprüfen: Sie geben die Adresse in einen sogenannten *Block Explorer* wie *Blockchain.info* oder *Blockchair.com* ein. Dort können Sie sehen, ob die Überweisung tatsächlich abgeschickt und bestätigt wurde. Die Namen der Absender und Empfänger werden natürlich nicht angezeigt, aber wenn Sie eine konkrete Bitcoin-Adresse kennen, können Sie jederzeit sehen, welche Ein- und Ausgänge darauf verzeichnet sind. Blindes Vertrauen ist bei Bitcoin nicht notwendig. Alles ist nachprüfbar.

Bitcoin zu nutzen ist mit den heutigen Wallets sehr einfach. Man benötigt dafür keine speziellen Computerkenntnisse. Etwas gewöhnungsbedürftig sind lediglich die langen Bitcoin-Adressen. Aber mal ehrlich: So viel einfacher sind die IBAN-Nummern, die man heute statt der Kontonummern verwenden muss, auch nicht. Sie sind auf jeden Fall viel zu kompliziert, um sie sich zu merken. Ich nehme an, dass Sie Ihre IBAN-Nummer auch nicht auswendig kennen (so wie früher Ihre Kontonummer), Sie werden sie vermutlich genau wie eine Bitcoin-Adresse per *Copy and Paste* übertragen. Ob die Adresse dann noch ein bisschen länger und kryptischer ist, spielt für die Nutzung keine Rolle. Der Vorteil der Bitcoin-Adressen: Sie sind sehr sicher. Es ist mathematisch so extrem unwahrscheinlich, eine Bitcoin-Adresse per Zufall zu erraten, dass es faktisch unmöglich ist – man würde viele Menschenleben dafür benötigen.

Programmierbares Geld

Ein wichtiger Unterschied zu herkömmlichem Geld: Bitcoin ist programmierbar. Jede Überweisung kann Programmcode enthalten, der sie genauer definiert. Zum Beispiel können Sie festlegen, dass eine Überweisung erst zu einem bestimmten Zeitpunkt ausgelöst wird. Oder: Eine Überweisung muss nicht nur mit einem, sondern mit mehreren digitalen Schlüsseln abgezeichnet werden. Man spricht dann von einer *Multisignatur,* kurz *Multi-Sig.* Natürlich müssen Sie diese Programmierung nicht selbst vornehmen. Mit einer Multi-Sig-fähigen Wallet können Sie dies bequem über deren Benutzeroberfläche tun. Zum Beispiel können Sie festlegen, dass zwei von drei Schlüsselinhabern die Überweisung abzeichnen müssen, damit sie gültig ist (oder drei von drei, vier von fünf, sieben von zehn, jede Kombination ist möglich). Dies kann zum Beispiel bei einer Firma mit mehreren Geschäftsführern oder bei Ehepartnern, die ein gemeinsames Konto führen, sehr nützlich sein.

Auch für die Sicherheit ist das Multi-Sig-Verfahren nützlich. Sollte ein Dieb einen Ihrer Schlüssel in die Hände bekommen, kann er damit noch immer nicht an Ihr Geld gelangen. Er müsste dafür noch einen oder mehrere andere Schlüssel erbeuten. Unternehmen, die die sichere Speicherung von Bitcoin als Dienstleistung anbieten, verwenden meistens das Multi-Sig-

Verfahren. Multisignaturen werden außerdem zur Konflikt-
schlichtung im E-Commerce verwendet. Käufer und Verkäufer
einigen sich dabei auf eine 2-von-3-Mehrfachsignatur, bei der
ein neutraler Schiedsrichter den dritten Schlüssel hält. Wenn sich
Käufer und Verkäufer einig sind, dass die Lieferung der Ware
korrekt abgelaufen ist, braucht der Schiedsrichter nichts weiter
zu tun, denn zwei Schlüssel reichen ja, um das vom Käufer schon
bezahlte Geld freizugeben. Doch bei Uneinigkeit kann der
Schiedsrichter mit seinem dritten Schlüssel eine Entscheidung
herbeiführen. Er kann sich zum Beispiel auf die Seite des Käu-
fers schlagen, der behauptet, die Ware nie bekommen zu haben,
oder auf die des Verkäufers, wenn dieser nachweisen kann, dass
er sie korrekt geliefert hat. Für diese Dienstleistung erhält er eine
vorher festgelegte Gebühr.

In einem dezentralisierten Bargeldsystem wie Bitcoin kann
so eine neutrale Schiedsrichterfunktion sehr wichtig sein, denn
es gibt ja keine Banken oder Kreditkartenunternehmen, die Sie
im Konfliktfall anrufen könnten. Für ihre Schlichtungsfunktion
kassieren diese Unternehmen hohe, oft versteckte Gebühren.
Bei Bitcoin gibt es hingegen einen freien Markt für neutrale
Schiedsrichter, deren Gebühren transparent sind. Sie können
auf deren Leistung verzichten und Geld sparen oder sie aus
freien Stücken nutzen und dafür bezahlen.

Das Lightning Network

Für viele Fälle mögen Überweisungen, die einige Minuten oder
Stunden dauern und einige Cent kosten, völlig in Ordnung sein.
Wenn Sie größere Beträge von Kontinent zu Kontinent schicken,
ist das immer noch deutlich schneller und preisgünstiger als im
alten Bankensystem. Doch für bestimmte Anwendungsfälle
reicht es nicht aus, insbesondere wenn es um den Kauf von

alltäglichen Gütern und um kleinere Beträge geht. Wenn Sie schnell im Café um die Ecke einen Kaffee bezahlen wollen, werden Sie sicher nicht zehn Minuten warten wollen, bis die Überweisung vom Netzwerk bestätigt ist, denn dann ist der Kaffee kalt. Und bei einem Warenwert von zwei bis drei Euro sind selbst ein paar Cent pro Überweisung viel zu teuer.

Für diese Fälle wird zurzeit das *Lightning Network* entwickelt. Es bildet eine zweite Ebene oberhalb des Bitcoin-Netzwerks und zeichnet sich dadurch aus, dass Überweisungen nur Bruchteile von Sekunden dauern (also „schnell wie der Blitz" sind). Die Kosten pro Überweisung betragen nur Bruchteile von Cent. Dies wird dadurch erreicht, dass nicht jede einzelne Überweisung in der Blockchain gespeichert wird, was durch ihre in 2.1 beschriebene Charakteristik relativ langsam und aufwendig ist. Stattdessen werden viele Überweisungen *off-chain*, also außerhalb der Blockchain, über sogenannte *Payment Channels* abgewickelt. Diese waren ursprünglich so konzipiert, dass zwei Nutzer sich damit gegenseitig Zahlungen hin- und herschicken können und erst das Gesamtergebnis in der Blockchain registriert wird. Das Lightning Network kombiniert viele dieser *Payment Channels* zu einem Netzwerk, über das man potenziell jeden Teilnehmer erreichen kann. Es funktioniert ähnlich wie bei einer E-Mail, die über das Internet ihren Weg über viele Knotenpunkte bis zum letztendlichen Empfänger findet. So komplex dieser Prozess ist, dem E-Mail-Nutzer kann er egal sein. Er schreibt seine Mail und klickt auf „Senden", der Rest läuft im Hintergrund ab.

So elegant soll das Lightning Network auch einmal funktionieren. Noch ist es nicht marktreif, viele Softwareentwickler und Designer arbeiten daran, die Schwächen auszumerzen, die es zweifellos noch hat. Doch die Entwicklung schreitet schnell und vielversprechend voran. Das Lightning Network gilt in der

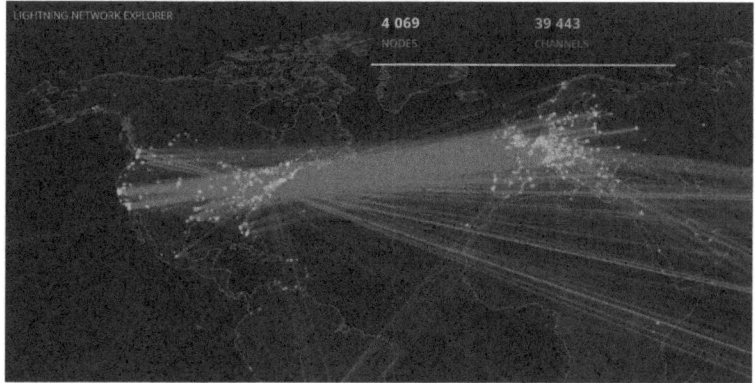

Kanäle des Lightning Network

Bitcoin-Szene als das neue große Ding, das Bitcoin zum Durchbruch verhelfen wird – etwa so wie das *World Wide Web*, das mit seinen bunten Grafiken und seiner leichten Benutzbarkeit das darunterliegende, eher für Computerfreaks verständliche Internet erst für ein Massenpublikum zugänglich gemacht hat. Ein weiterer Vorteil von Lightning: Überweisungen sind – im Unterschied zum klassischen Bitcoin-Netzwerk – vollständig anonym.

2.3 Wie fülle ich meine Bitcoin Wallet?

Der beste Weg, um an Bitcoin zu kommen: Sie verdienen sie sich durch Ihre eigene Arbeit. Insbesondere, wenn Sie sich auf einen Zusammenbruch des aktuellen Finanzsystems vorbereiten wollen (und warum würden Sie sonst dieses Buch lesen?), sollten Sie sich bereits jetzt daran gewöhnen, Bitcoin zu verwenden. Sie können davon ausgehen, dass es nach dem Crash – neben primitiven Tauschgeschäften – erst einmal kaum eine andere Möglichkeit geben wird, mit anderen Menschen zu handeln. Insofern ist es hilfreich, wenn Sie nicht erst in Krisenzeiten damit anfangen, mit Bitcoin umzugehen. Gerade was das Thema Sicherheit betrifft (mehr dazu in Abschnitt 2.4), gibt es bei Bitcoin einiges zu lernen. Es ist besser, wenn man dies ganz entspannt in einer Zeit tun kann, in der digitales Bargeld noch als exotisches Phänomen angesehen wird. Außerdem ist es wahrscheinlich, dass die Kaufkraft jedes Bitcoin wegen seiner Knappheit zunehmen wird. Das heißt: Jeder Bitcoin, den Sie jetzt verdienen, wird in Zukunft wahrscheinlich deutlich mehr wert sein. Tatsächlich tragen Sie aktiv zu seiner Wertsteigerung bei, wenn Sie Bitcoin akzeptieren. Geld bekommt seinen Wert letztendlich nur daher, dass es als solches genutzt wird. Selbst Gold hätte keinerlei Wert, wenn die Menschen sich weigern würden, es als Bezahlung für ihre Arbeitsleistung anzunehmen.

Als Freiberufler oder Selbstständiger

Wenn Sie freiberuflich oder selbstständig arbeiten, sollten Sie auf jeden Fall auch Bitcoin als Möglichkeit der Bezahlung angeben. Sie müssen Ihren Kunden nur mit der Rechnung auch eine Bitcoin-Adresse mitteilen. Sollte Ihr Kunde dazu noch nicht willens oder in der Lage sein, können Sie den Schweizer Dienstleister *Intarium.ch* dazwischenschalten. Über ihn können Sie Rechnungen verschicken, er akzeptiert das staatliche Monopolgeld Ihres Kunden und zahlt Sie (gegen eine Gebühr von 1,97 Prozent) direkt in guten, harten Bitcoin aus.

Wenn Sie ein eigenes Ladengeschäft betreiben, ob in der realen Welt oder als Onlineshop, empfehle ich Ihnen ebenfalls, Bitcoin zu akzeptieren. Es gibt spezialisierte Unternehmen, die eine solche Bitcoin-Integration komfortabel anbieten, etwa *Bitpay*, *Bitgo* oder *Gocoin*, sodass automatisch eine Rechnung und eine neue Bitcoin-Adresse generiert werden. Diese Dienstleister bieten auch an, die eingenommenen Bitcoin sofort wieder in

Dollar oder Euro umzutauschen und auf Ihr Bankkonto zu überweisen. Diese Möglichkeit sollten Sie natürlich nicht nutzen, oder nur in dem Umfang, wie Sie unbedingt noch staatliches Monopolgeld brauchen. Sie haben in der Regel die Option, sich einen Teil in Fiatgeld und einen Teil in Bitcoin auszahlen zu lassen. Je höher der Bitcoin-Teil, desto besser. Doch eigentlich benötigen Sie schon jetzt nur sehr selten staatliches Monopolgeld. Wenn Sie zum Beispiel eine Rechnung erhalten und der Rechnungssteller sich weigert, Bitcoin zu akzeptieren, können Sie über den Schweizer Dienstleister *Lamium* diese Rechnung in Euro begleichen lassen und zahlen dafür in Bitcoin. Es gibt zahlreiche Anbieter von Kredit- oder Debitkarten, die man mit Bitcoin aufladen und damit über das alte System zahlen kann, solange es noch funktioniert. Und wenn Sie wirklich einmal staatliches Bargeld benötigen, können Sie kleine Summen problemlos auf einem Bitcoin-Meet-up privat tauschen (siehe S. 64: Bitcoin kaufen). Sie sollten sich schon jetzt daran gewöhnen, das bald obsolete Bankensystem so wenig wie möglich zu benutzen.

Als Angestellter

Sollten Sie angestellt sein, dürfte es etwas schwieriger sein, Ihren Arbeitgeber davon zu überzeugen, Sie in Bitcoin zu bezahlen. Wenn Sie sich für möglichst viel finanzielle Freiheit entscheiden, ist ein Angestelltendasein mit seinen vielen Einschränkungen und Zwangsabzügen allerdings ohnehin nicht die beste Option. Doch auch hier bietet ein Dienstleister Abhilfe. Wenn Sie sich bei *Bitwage.com* registrieren, kann Ihr Arbeitgeber Ihr Gehalt über das alte Bankensystem überweisen, Sie erhalten es von Bitwage in Bitcoin ausgezahlt. Der Arbeitgeber muss sich dafür nicht bei Bitwage registrieren, ihm

werden einfach die Bankdetails mitgeteilt. Die Gebühren
hängen von der Art des gewählten Zahlungsverfahrens ab.

Bitcoin kaufen

Es gibt zahlreiche Börsen, bei denen Sie ihr staatliches Mono-
polgeld loswerden und gegen Bitcoin eintauschen können. Ei-
nige der bekanntesten sind *Kraken, Bitstamp* und *Binance*. Keine
echte Börse, sondern eher ein Vermittlungsdienst zwischen
Käufern und Verkäufern ist *Bitcoin.de*. Das Problem bei all diesen
Diensten: Sie sind vom Staat verpflichtet, Ihre persönlichen
Daten zu überprüfen, zu speichern und gegebenenfalls den
Behörden offenzulegen. Sie müssen also in der Regel ein Bild
Ihres Personalausweises hochladen, oft auch ein Selfie, auf dem
Sie Ihren Personalausweis in der Hand halten. Ihre Privatsphä-
re ist hier also nicht geschützt.

Das können Sie vermeiden, wenn Sie eine dezentralisierte
Börse wie *Bisq* nutzen, die dafür allerdings etwas umständlicher
in der Handhabung ist. In vielen Ländern der Welt gibt es Bitcoin-
Geldautomaten, an denen Sie ohne Vorlage von Dokumenten
bis zu einer bestimmte Höhe Bitcoin kaufen können. In Deutschland sind solche Geldautomaten durch die restriktive Politik der
Bundesaufsicht für das Finanzwesen (BaFin) allerdings noch kaum
verbreitet.

Über den Dienst *localbitcoins.com* können Sie fast überall auf
der Welt Menschen finden, mit denen Sie privat Bitcoin gegen
Monopolgeld tauschen können. In Deutschland ist Local Bitcoins
wegen der fragwürdigen Politik der BaFin leider nicht aktiv.
Dafür gibt es hier den Dienst *bitcoin-treff.de*, der ebenfalls Käufer
und Verkäufer zusammenbringt.[30] Der Vorteil so eines privaten
Kaufes: Sie können ganz legal Bitcoin erwerben, ohne dass irgendeine staatliche Stelle davon erfährt. Allerdings gibt es

natürlich das Risiko, dass der Käufer Sie betrügt und mit dem Bargeld einfach abhaut.

Sie können stattdessen auch über die Plattform *Meetup.com* oder über eine allgemeine Suchanfrage im Internet herausbekommen, ob es in Ihrer Stadt ein Bitcoin-Meet-up gibt. In den meisten größeren Städten gibt es mittlerweile solche Treffen, auf denen Bitcoin-Fans sich kennenlernen, Ideen austauschen und Neues lernen können. Sehr wahrscheinlich finden Sie dort jemanden, der Ihnen Bitcoin gegen Bargeld verkauft, zumindest, wenn es sich nicht um eine große Summe handelt. Der Rahmen eines Bitcoin-Meet-ups bietet einen gewissen Schutz, denn in der Regel kennen sich die Mitglieder und können vertrauenswürdige Verkäufer empfehlen. Und falls wirklich jemand mit Ihrem Bargeld durchbrennen sollte, ist er auf solch einem Meet-up leichter zu stoppen als an einem Ort, an dem sich die Menschen nicht kennen.

2.4 Bitcoin sicher speichern

Bitcoin ist Bargeld, das bedeutet: Sie sind zu 100 Prozent selbst dafür verantwortlich – so wie für die Geldscheine, die Sie in Ihrer Geldbörse tragen. Es gibt keine Bank, bei der Sie anrufen und eine Überweisung zurückrufen können, kein Kreditkartenunternehmen, das eine gestohlene Karte sperren und damit bereits getätigte Zahlungen ersetzen würde. Eine Bitcoin-Zahlung ist unwiderruflich. Das ist für viele Menschen gewöhnungsbedürftig. Sie benehmen sich so, wie sie es aus der alten Welt der Banken kennen, lassen ihre Bitcoin auf ihrem „Konto" bei einer Bitcoin-Börse liegen und wundern sich dann, dass sie weg sind, falls die Börse gehackt wird. In der Frühzeit von Bitcoin ist das leider des Öfteren passiert. Der spektakulärste Fall war der Einbruch in die lange Zeit dominierende Bitcoin-Börse

Mt.Gox im Februar 2014, als angeblich 850.000 Bitcoin gestohlen wurden. Zum heutigen Kurs (Juni 2020) wären das rund acht Milliarden US-Dollar.

Vertrauen Sie Ihre Schlüssel niemals Dritten an!

Heutige Börsen haben zwar deutlich bessere Sicherheitsmaßnahmen als die ursprünglich als Tauschbörse für Fantasy-Spielkarten konzipierte Mt.Gox.[31] Als Mt.Gox 2010 als Bitcoin-Börse neu an den Start ging, war ein Bitcoin nur Bruchteile von Cent wert. Sicherheitsbedenken spielten angesichts dieses geringen Wertes kaum eine Rolle. Heute investieren Börsenbetreiber deutlich mehr in Sicherheitsmaßnahmen. Dennoch kann es absolute IT-Sicherheit nicht geben, immer wieder werden Bitcoin-Börsen gehackt.

Natürlich werden auch Banken oft Ziele von bösartigen Hackerangriffen, sie halten dies nur geheim, um keine Panik auszulösen. Doch die Bank verwahrt ja nicht wirklich „Ihr Geld" auf „Ihrem Konto", sie führt einfach darüber Buch, wie viel sie Ihnen schuldet. Dringt ein Hacker ins System einer Bank ein, kann der Originalzustand Ihres Kontos problemlos wiederhergestellt werden. Eine Bitcoin-Börse kann dies nicht. Wenn dort ein Hacker Bitcoin entwendet, ist es so, als würde er in den Tresor der Bank einsteigen und Goldbarren stehlen.

Wenn Sie eine Börse nutzen, um Ihr staatliches Monopolgeld gegen Bitcoin zu tauschen, sollten Sie die Bitcoin sofort von dort in Ihre eigene Wallet überweisen. Merken Sie sich: Nur, wenn Sie Ihre privaten Schlüssel selbst unter Kontrolle haben, gehören Ihnen die Bitcoin wirklich. Speichern Sie Ihre Bitcoin (oder genau genommen Ihre privaten Schlüssel) niemals, wirklich NIEMALS für längere Zeit auf den Servern anderer, sondern nur auf Ihren eigenen Geräten. Allerdings kann auch Ihr eigener Computer gehackt werden. Er ist zwar für Hacker kein so lohnendes Angriffsziel wie eine Börse, bei der Bitcoin im Wert von Millionen oder gar Milliarden Dollar gelagert werden. Doch jedes Gerät, das ans Internet angeschlossen ist, kann gehackt werden. Es gibt zwei Methoden, dies zu verhindern.

Paper Wallets

Eine relative sichere, wenn auch in der Bedienung umständliche Form der Bitcoin-Speicherung, ist eine sogenannte *Paper Wallet*, also Papier-Geldbörse. Dabei werden der private Schlüssel und die dazugehörige Bitcoin-Adresse zusammen mit den passenden QR-Codes auf Papier ausgedruckt. Sie können den QR-Code der Bitcoin-Adresse scannen und dorthin Bitcoin überweisen. Um an das Geld wieder heranzukommen, benötigen Sie den privaten Schlüssel, den Sie von der Paper Wallet scannen und in eine elektronische Wallet einlesen. Dies geht jedoch nur mit dem gesamten Betrag, sodass Paper Wallets für die tägliche Nutzung nicht infrage kommen.

Paper Wallets haben noch weitere Nachteile, weshalb ich diese Methode gerade für Einsteiger nicht empfehle. Wenn Sie sie zum Beispiel die Schlüssel über einen Anbieter im Internet generieren lassen, können die Schlüssel dabei von Hackern gestohlen werden. Auch der interne Speicher des Druckers könnte Ihren privaten Schlüssel enthalten und von Hackern ausgelesen werden. Es gibt zwar Methoden, dies zu vermeiden, doch dafür müssten Sie einiges an Aufwand betreiben. Zum Beispiel dürften Sie nicht das normale Betriebssystem Ihres Computers nutzen (es könnte bereits gehackt sein), sondern müssten ein neues per CD/DVD starten. Eine Alternative ist das von der Firma *Mycelium* angebotene Gerät *Entropy*, das Sie direkt an den USB-Port Ihres Druckers anschließen. Die Schlüssel werden im Entropy erzeugt und direkt ausgedruckt, sodass es keine Angriffsmöglichkeiten für Hacker gibt. Doch wenn Sie sich schon ein neues Gerät kaufen, um Ihre Bitcoin zu sichern, rate ich Ihnen eher zu einer *Hardware Wallet*.

Hardware Wallets

Hardware Wallets sind kleine Geräte, auf denen Ihre privaten Schlüssel gespeichert werden und mit denen Sie Überweisungen abzeichnen. Die Hardware Wallet wird an den USB-Port Ihres Computers angeschlossen und funktioniert in Kombination mit einer dazugehörigen *Web Wallet* oder mit vielen handelsüblichen Wallets. Wenn Sie Bitcoin überweisen wollen, müssen Sie zusätzlich zum in 2.2 beschriebenen Prozedere die Überweisung mit Ihrer Hardware Wallet bestätigen. Dazu drücken Sie, je nach Gerätetyp, entweder einen Knopf oder nutzen eine entsprechende Funktion auf dem Bildschirm der Hardware Wallet. Sie schickt dann die abgezeichnete Überweisung an die Software Wallet, die sie weiter ins Bitcoin-Netzwerk sendet. Die privaten Schlüssel

Hardware Wallet von Ledger

gelangen niemals in Ihren Computer, sondern bleiben in einem geschützten Bereich auf dem Zusatzgerät. Selbst wenn Ihr Computer von Viren befallen ist und von bösartigen Hackern kontrolliert wird, Ihre privaten Schlüssel sind sicher. Sie müssen natürlich der Herstellerfirma vertrauen, dass diese die Geräte tatsächlich so sicher baut, wie sie behauptet. Es gab auch schon Fälle gehackter Hardware Wallets, dazu benötigt der Hacker jedoch Zugriff auf Ihr Gerät. Dennoch sind Hardware Wallets die derzeit beste Methode, um Bitcoin zu speichern und sie zugleich im Alltag verwenden zu können.

Die bekanntesten Hersteller von Hardware Wallets sind *Trezor*, *Ledger* und *KeepKey*. Ein relativ neuer Anbieter ist *Digital BitBox*, der mit noch besserer Sicherheit wirbt. BitBox kommt aus der Schweiz, was ja in puncto Sicherheit und Verlässlichkeit immer überzeugend wirkt. Ihr Gründer Jonas Schnelli ist zudem einer der Entwickler, die für die Weiterentwicklung der Bitcoin-Software zuständig sind. Man kann also davon ausgehen, dass er weiß, was er tut. Von der Funktionalität unterscheiden sich die verschiedenen Modelle nicht wesentlich. Hardware Wallets sind nicht ganz billig, das günstigste Modell kostet rund 50 Euro, besser ausgestattete, beispielsweise mit farbigem Touchscreen, können 150 Euro kosten. Wenn Sie erst einmal nur ein paar Euro in Bitcoin tauschen, um digitales Bargeld auszuprobieren, lohnt sich solch eine Anschaffung also nicht. Doch sobald Sie beginnen, selbst Bitcoin zu verdienen, und größere Summen davon sparen können, ist es sehr vernünftig, in Sicherheit zu investieren und sich eine Hardware Wallet anzuschaffen.

Der Seed Phrase

Alle modernen Wallets sind sogenannte *hierarchische deterministische Wallets*, kurz *HD Wallets*. Das bedeutet, dass alle Schlüssel, die von dieser Wallet erzeugt werden, auf einen einzigen Ausgangs-schlüssel zurückgehen. Man braucht also nur den Ursprungs-schlüssel oder *Seed Key* zu kennen, dann lassen sich sämtliche privaten und öffentlichen Schlüssel, die von der Wallet verwaltet werden, daraus ableiten. Das kryptografische Verfahren dafür ist kompliziert, aber es erleichtert die Sicherung einer Wallet ungemein. Man schreibt sich, wenn man die Wallet zum ersten Mal einrichtet, einen sogenannten Seed Phrase auf, der aus 12, 16 oder 24 englischen Wörtern besteht. Der Begriff Phrase, also „Satz", ist ein wenig irreführend, denn es handelt sich dabei einfach um eine zufällige Aneinanderreihung von Wörtern, wobei die Reihenfolge wichtig ist. Ein *Seed Phrase* könnte zum Beispiel so aussehen:

watch collapse practice feed shame open despair creek road again ice least

Aus diesen Wörtern lässt sich der Ursprungsschlüssel berechnen. Fragen Sie mich nicht, wie das geht. Ich bin kein Kryptograf und muss zum Glück auch keiner sein, um mit Bitcoin umzu-gehen. Alles, was Sie wissen müssen: Schreiben Sie sich diese Wörter auf ein Stück Papier auf, am besten auf mehrere, und verstecken Sie sie an sicheren Orten. Schreiben Sie diese Wör-ter mit der Hand auf oder mit Opas Schreibmaschine. Benutzen Sie dafür auf keinen Fall einen Computer oder ein Handy, denn beide könnten gehackt werden. Ihren Seed Phrase sollten Sie hüten wie Dagobert Duck seinen Geldspeicher. Er ist die Si-cherheitskopie Ihres Geldes. Daher sollte ihn kein anderer als Sie oder Menschen, denen Sie absolut vertrauen, in die Finger bekommen. Es empfiehlt sich, mehrere Kopien an mehreren Orten zu verstecken, damit auch im Fall eines Wasserrohrbruchs oder eines Brands mindestens eine Kopie übrig bleibt. Es gibt

Menschen, die sich ihren Seed Phrase mit Hammer und Buchstabenschablonen in Titan schlagen, damit er Wasser- und Feuerschäden übersteht.

Analog ist sicherer

Es klingt fast ein wenig absurd, dass digitales Bargeld in einer solch analogen Form am sichersten aufgehoben ist, aber so ist es tatsächlich. Sollte Ihnen Ihr Computer abstürzen, Ihr Handy geklaut oder Ihre Hardware Wallet von Ihrem Hund gefressen werden – bleiben Sie ruhig. Ihre Bitcoin sind nicht verloren. Sie können sich eine neue Wallet-Software herunterladen und eine neue Hardware Wallet kaufen. Dann wählen Sie die Option *RESTORE WALLET* („Wallet wiederherstellen"). Wenn Sie nun die Wörter Ihres Seed Phrase in der richtigen Reihenfolge eingeben, erscheinen die verloren geglaubten Coins wie von Zauberhand wieder in Ihrer Wallet. Tatsächlich waren die Bitcoin nie weg. Im Unterschied zu Münzen und Scheinen können Bitcoin nicht verloren gehen, denn Sie sind nicht in Ihrer Wallet gespeichert, sondern dezentral in der Blockchain. Doch nur Sie haben mit Ihren privaten Schlüsseln Zugang dazu, und auf die müssen Sie aufpassen. Nur wenn Sie sich per Seed Phrase eine Sicherheitskopie davon machen, können Sie wieder an Ihre Coins herankommen.

HD Wallets, Seed Keys und Seed Phrases sind wohl eine der nützlichsten Erfindungen der Bitcoin-Welt. Obwohl Bitcoin sich in vielerlei Hinsicht wie Bargeld verhalten, kann man von Ihnen (genau genommen von Ihren Schlüsseln) im Unterschied zu analogem Bargeld Sicherheitskopien machen. Versuchen Sie das mal mit Euro- oder Dollarnoten!

Nachdem Sie nun einiges darüber erfahren haben, wie digitales Bargeld grundsätzlich funktioniert und wie Sie damit am besten umgehen, wollen wir uns mit der für dieses Buch wichtigen Frage beschäftigen: Wie kann Bitcoin Ihnen im Fall einer Finanzkrise helfen, Ihr Geld in Sicherheit zu bringen?

3

Bitcoin als Krisenschutz?

Kryptowährungen wie Bitcoin sind vielen Menschen immer noch suspekt. Sie als Gegenmittel im Fall einer Finanzkrise mit den dann zu erwartenden finanziellen Repressionen zu nutzen, kommt nur wenigen in den Sinn. Der Bitcoin hat ein eher schlechtes Image, er gilt als unsicher und höchst riskant. Wenn die Medien über den Bitcoin berichten, dann meistens, wenn irgendwo eine Börse gehackt wurde oder der Kurs dramatisch einbricht. Nach einem „sicheren Hafen" in einer Finanzkrise klingt das ganz und gar nicht. Doch wie so oft haben Medienberichterstattung und Wirklichkeit wenig miteinander zu tun. Es lohnt sich, kompetente Fachmedien zu nutzen und nicht nur den lückenhaften Informationen zu vertrauen, die einen über Fernsehen und Boulevardpresse erreichen.

3.1 Warum hat der Bitcoin einen Wert?

Stellen wir uns zunächst einmal die Frage, warum der Bitcoin überhaupt einen Wert haben kann. Er wurde schließlich vor nur wenigen Jahren von einer Gruppe von Computernerds quasi aus dem Nichts geschaffen. In den ersten Jahren seiner Geschichte war der Bitcoin tatsächlich wertlos. Frühadopter schickten sich zum Spaß Tausende von Bitcoin hin und her, nur um auszuprobieren, ob das System funktioniert. Kaum jemand war sich dessen bewusst, dass es sich dabei einmal um Millionenwerte handeln würde. Viele verschenkten Bitcoin an Freunde und Bekannte, einfach um dafür zu werben. Es gab sogar eigene Websites, die sogenannten *Bitcoin Faucets*, auf denen man sich nur anmelden musste, um Bitcoin geschenkt zu bekommen. Allmählich begannen die ersten Unternehmer, für digitale Produkte wie *Virtual Private Networks* oder Domain-Adressen Bitcoin zu akzeptieren. Das taten die meisten vermutlich aus ideellen Gründen, um das Projekt zu unterstützen, weniger mit dem Ziel, damit Geld zu verdienen.

Auch der legendäre erste Kauf eines realen Guts mit Bitcoin war wohl eher als Gag gedacht denn als echte wirtschaftliche Transaktion. Im Mai 2010 lobte der Programmierer Laszlo Hanyecz aus Florida 10.000 Bitcoin für denjenigen aus, der ihm zwei Pizzas lieferte, egal ob selbst gebacken oder bestellt. Diese Bitcoin hatte er vermutlich selbst am eigenen Rechner geschürft. Damals reichte ein normaler PC dafür noch völlig aus. Die Pizzas bestellte ihm Jeremy „Jercos" Sturdivant ganz profan per Kreditkarte bei Papa John's. Der ganze Vorgang ist im Forum

Bitcointalk.org dokumentiert.[32] Laszlo schreibt dort: „Ich denke, es wäre interessant, wenn ich sagen könnte, dass ich für eine Pizza in Bitcoin bezahlt habe."[33] Heute wird der 22. Mai als *Bitcoin Pizza Day* von Bitcoin-Fans in aller Welt gefeiert, mit reichlich Pizza natürlich. Und die 10.000 Bitcoin sind heute (Juni 2020) rund 95 Millionen US-Dollar wert. Dafür hat Laszlo Hanyecz Bitcoin-Geschichte geschrieben.

Die Original-10.000-Bitcoin-Pizzas

2010 gingen mit *BitcoinMarket* und *Mt.Gox* die ersten (heute nicht mehr existenten) Bitcoin-Börsen an den Start, an denen man mit US-Dollar Bitcoin kaufen konnte. Das Interesse an Bitcoin wuchs allmählich – und damit auch der Kurs. Im Lauf des Jahres 2010 stieg er von wenigen Bruchteilen von US-Cent auf einen halben Dollar an. Im Februar 2011 erreichte er das erste Mal Dollar-Parität, ein Bitcoin war also einen ganzen Dollar wert. Nachdem der US-Senator Chuck Schumer im US-Fernsehen davor warnte, dass man mit Bitcoin im Internet anonym Drogen kaufen könne, schnellte der Kurs im Juni 2011 auf über 30 Dollar hoch – der größte Kurssprung, den der Bitcoin je gemacht hat. Seitdem hat sich der Preis des Bitcoin in gewaltigen Sprüngen auf- und abwärts bewegt, doch auf weniger als zwei Dollar (im Dezember 2011) ist sein Preis nie mehr gefallen. Sein bisheriges absolutes Hoch erreichte er mit 19.891 US-Dollar im Dezember 2017.

Nach diesem kurzen Exkurs in die Geschichte des Bitcoin noch einmal zurück zur Ausgangsfrage: Warum haben Bitcoin einen Wert? Man kann diese Frage ganz simpel beantworten: Wenn Menschen bereit sind, Geld für ein Gut auszugeben, dann hat es offensichtlich einen Wert. So etwas wie einen „intrinsischen", also inneren oder tatsächlichen Wert eines Gutes kann es nicht geben, denn Wert ist immer etwas Subjektives. Er entsteht nur dann, wenn Menschen einem Gut einen Wert beimessen, sie es also in irgendeiner Form als nützlich oder bereichernd für ihr Leben wahrnehmen. Sie sind dann bereit, etwas anderes dafür herzugeben, etwa Geld, ein Tauschgut oder ihre Arbeitsleistung. Im Lauf der Jahre haben sich immer mehr Menschen dafür entschieden, für ein ursprünglich wertloses digitales Produkt ihr Geld auszugeben oder dafür zu arbeiten. Doch warum? Ist das alles nicht nur eine Spekulationsblase? Die Laune von ein paar naiven Computerfreaks? Ein betrügerisches Pyramidenspiel?

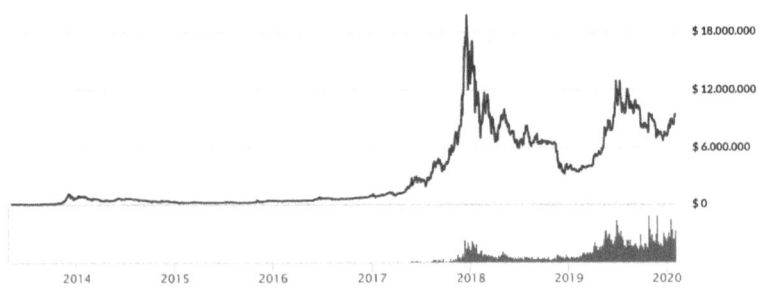

Bitcoin-Preisentwicklung

Auch hier ist die Antwort simpel: Dinge sind wertvoll, wenn sie für die Menschen einen Nutzen haben. Und sie sind umso wertvoller, je knapper sie sind. Bitcoin ist ja nicht nur eine imaginäre Recheneinheit, sondern vor allem ein weltweites Zahlungssystem, das seit über elf Jahren zuverlässig arbeitet. Es bietet große Vorteile gegenüber dem herkömmlichen Bankensystem.

Bitcoin ermöglicht unkonfiszierbare, pseudonyme Zahlungen in jedes Land der Welt, auch in Länder mit Kapitalverkehrskontrollen oder unter Wirtschaftsembargo, in hoher Geschwindigkeit und zu moderaten Kosten. Da man den Bezahlservice Bitcoin nur mit der gleichnamigen Systemwährung nutzen kann, sind Menschen bereit, dafür Geld auszugeben. Und da der Bitcoin gleichzeitig durch das Design seiner Software (siehe 2.1) bewusst knapp gehalten ist, steigt sein Wert, je mehr Menschen ihn nutzen. Das ist Wirtschaftstheorie für Anfänger: Wenn die Nachfrage nach einem knappen Gut deutlich schneller steigt, als das Angebot wachsen kann, muss der Preis steigen. Natürlich ist der Bitcoin auch ein Spekulationsobjekt: Investoren spekulieren darauf, dass er sich in Zukunft noch weiter verbreitet und damit noch wertvoller wird. Doch mit einer „Blase" oder einem „Pyramidenspiel" hat der Bitcoin so wenig gemeinsam wie der Goldstandard mit dem Euro.

3.2 Bitcoin ist das härteste Geld der Welt

Satoshi Nakamoto hat den Bitcoin so gestaltet, dass er sogar noch knapper ist als Gold. Neue Goldminen werden ja durchaus hin und wieder entdeckt. Im 16. Jahrhundert führte die Entdeckung und Ausbeutung der Goldminen Südamerikas zu einem Überangebot und damit zu einem Verfall der Goldpreise.[34] Theoretisch könnte sogar ein Meteorit aus purem Gold auf der

Erde einschlagen und zu einer erneuten Schwemme an Gold führen – extrem unwahrscheinlich, aber nicht unmöglich. Solche unvorhersehbaren Ereignisse sind beim Bitcoin hingegen ausgeschlossen. Durch den in 2.1 beschriebenen Halbierungsmechanismus nähert sich der Bitcoin immer mehr seiner absoluten Obergrenze von 21 Millionen an, die wahrscheinlich im Jahr 2140 erreicht sein wird. Es gibt keinen realistischen Weg, dies zu ändern und die Menge der Bitcoin zu erhöhen. Theoretisch wäre es zwar möglich, wenn sich eine Mehrheit der Bitcoin-Community darauf einigen würde. Doch wird dies niemals geschehen, da kein Bitcoin-Eigentümer ein Interesse daran hat, den Wert seiner Coins durch eine solche Inflation zu verwässern.

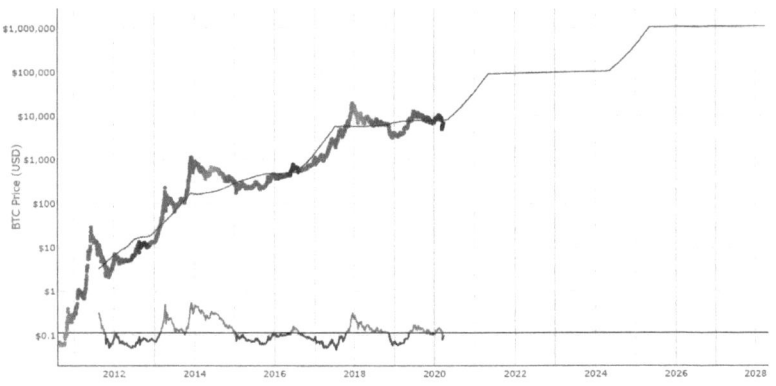

Die Stock-to-Flow-Ratio von Bitcoin

Der Wert von Edelmetallen wie Gold, Silber oder Platin ist eng verbunden mit ihrer *Stock-to-Flow-Ratio*, also dem Verhältnis ihrer bereits geförderten und verfügbaren Gesamtmenge (*Stock*) zu den jährlich neu geförderten Einheiten (*Flow*). Je höher das Verhältnis von *Stock* zu *Flow* eines Gutes, desto wertvoller ist es. Bisher galt Gold als das Gut mit der höchsten

Stock-to-Flow-Ratio. Die bisher geförderte Menge beträgt rund 178.000 Tonnen, jährlich kommen etwa 2.700 Tonnen neu hinzu. Das Stock-to-Flow-Verhältnis beträgt also rund 66. Man müsste theoretisch 66 Jahre lang Gold schürfen, um die bereits bestehende Menge zu erreichen.[35] Sollte nicht gerade der erwähnte goldene Meteorit auf der Erde einschlagen, ist allerdings eher davon auszugehen, dass die jährlich geförderte Menge im Lauf der Zeit abnimmt, das Stock-to-Flow-Verhältnis also weiter wächst.

Wenn wir dieses Rechenmodell auf Bitcoin anwenden, sehen wir, dass Bitcoin sogar noch knapper sein wird als Gold.[36] Nach der nächsten Halbierung im Mai 2020 werden alle zehn Minuten 6,25 neue Bitcoin geschürft, also 37,5 pro Stunde, 900 pro Tag, 328.500 pro Jahr. Die Gesamtmenge aller geschürften Bitcoin wird im Mai 2020 circa 18,5 Millionen betragen,[37] die Stock-to-Flow-Ratio liegt dann also bei etwa 56 und erreicht damit schon fast diejenige von Gold. Nach der nächsten Halbierung, die voraussichtlich Ende 2023 stattfindet, kommen pro Jahr nur noch 164.250 neue Bitcoin hinzu. Bitcoins Stock-to-Flow-Verhältnis wird dann bei rund 116 liegen und somit Gold deutlich übertreffen. Dies wird bis zur letzten Halbierung im Jahr 2140 immer so weitergehen. Die Stock-to-Flow-Ratio von Bitcoin wird dann um ein Vielfaches höher liegen als die von Gold.

Bisher hat das Stock-to-Flow-Modell den Anstieg des Bitcoin erstaunlich gut erklärt.[38] Wenn wir die bisherige Kurve extrapolieren, kann der Bitcoin-Preis noch um ein Vielfaches ansteigen. Im Jahr 2022 läge der Preis demnach bei 100.000 US-Dollar, langfristig sogar bei rund einer Million US-Dollar.

Wir sollten uns jedoch daran gewöhnen, den Preis von Bitcoin in Gold anzugeben, denn das drückt seinen Wert viel besser aus als sein Preis in Dollar oder Euro. Während die Staatswährungen im Lauf der Zeit immer mehr an Wert verlieren, behält Gold erfahrungsgemäß seine Kaufkraft. Vor rund 100 Jahren musste man in etwa den Preis einer Unze Gold für einen maßgeschneiderten Herrenanzug bezahlen. Dies gilt auch heute noch. Die Preise für Gold und Herrenanzug sind in Dollar ausgedrückt heute deutlich höher, doch ihr Verhältnis zueinander ist nahezu gleich geblieben. Sollte sich der Wert des Bitcoin weiterhin analog zu seiner steigenden Stock-to-Flow-Ratio entwickeln, dürften Goldwert und Kaufkraft des Bitcoin noch deutlich zunehmen.

3.3 Bitcoin ist nicht zu stoppen

Ein weiterer Faktor, der den Bitcoin in Krisenzeiten interessant macht: Er ist unabhängig vom bisherigen Finanzsystem. Wenn es kollabiert, wird der Bitcoin davon nicht betroffen sein, jedenfalls nicht negativ. Es ist sogar eher zu erwarten, dass der Bitcoin-Kurs dann stark ansteigt, weil viele Leute ihr Geld in Sicherheit bringen wollen und Bitcoin als Alternative wählen. Insofern ist es besser, jetzt in Bitcoin zu investieren, als später, wenn alle es tun und die Preise explodieren.

Es ist sehr wahrscheinlich, dass die Regierungen in Krisenzeiten zu allerlei repressiven Methoden greifen werden, um „das Finanzsystem zu retten". Sie werden zum Beispiel die Guthaben der Bankkunden teilweise enteignen, so wie sie es in Zypern getan haben. Oder sie frieren die Konten ein und gestatten den Inhabern nur in geringem Umfang, Bargeld abzuheben, so wie es in Argentinien und Griechenland geschehen ist. Überweisungen ins Ausland werden vermutlich sehr streng kontrolliert und eingeschränkt werden, sodass niemand mehr sein Geld außer Landes bringen kann. Diese drastische Einschränkung unserer Freiheit wird verharmlosend „Kapitalverkehrskontrollen" genannt, so als würden freundliche Polizisten dafür sorgen, dass niemand betrunken Auto fährt.

Gegen all diese Zwangsmaßnahmen ist Bitcoin immun. Es ist unmöglich, eine Bitcoin-Überweisung zu stoppen oder ein Bitcoin-Guthaben einzufrieren. Mit Bitcoin können Sie problemlos Geld ins Ausland überweisen, selbst wenn ansonsten strengste Kapitalverkehrskontrollen herrschen. Der Staat hat keine Chance, herauszufinden, wie viele Bitcoin Sie besitzen, und Sie zu enteignen, es sei denn, er bedroht Sie mit Waffengewalt. Aber das kann er nicht mit vielen Menschen tun. Wenn sehr viele Menschen auf Bitcoin umsteigen, ist die Staatsgewalt machtlos.

Sollten Sie sich entschließen, in ein anderes Land überzusiedeln (mehr dazu in Kapitel 5), können Sie selbst mit größeren Beträgen in Bitcoin problemlos Grenzkontrollen passieren. Wie wir in Abschnitt 2.4 gelernt haben, lassen sich Bitcoin mithilfe weniger englischer Wörter speichern. Sie müssen den Zettel mit Ihrem Seed Phrase nur gut verstecken. Und schreiben Sie besser nicht „Meine Bitcoins" darüber. Vielleicht tarnen Sie die Zufallswörter als dadaistisches Gedicht oder Sie markieren sie per Bleistift in einem Buch, so als würden Sie sich darin Notizen machen. Es dürfte jedenfalls deutlich einfacher sein, mit Bitcoin Landesgrenzen zu überschreiten als mit Bargeld, das Hunde erschnüffeln können, oder mit Gold, das sich mit Metalldetektoren orten lässt.

Klingt das für Sie paranoid? Meinen Sie, so etwas niemals im Leben nötig zu haben? Ich denke, es ist besser, sich auf den Fall vorzubereiten, mit seinem gesamten Hab und Gut seine Heimat verlassen und sich woanders ansiedeln zu müssen. Bitcoin macht dies auf relativ einfache Weise möglich. Wenn es dann doch nicht notwendig sein sollte, weil die Krise nicht so schlimm kommt oder Sie andere Methoden anwenden, um damit umzugehen, umso besser. Doch Sie sollten vermeiden, von der Krise überrascht zu werden und Ihre Ersparnisse zu verlieren.

3.4 Bitcoin funktioniert ohne Banken

Wenn das bisherige Bankensystem nicht mehr zur Verfügung steht, ist es wichtig, eine funktionierende Alternative zu haben. Bitcoin ermöglicht es Ihnen, mit anderen Menschen Handel zu treiben, Produkte zu kaufen und zu verkaufen, Ihre Dienstleistungen anzubieten, Menschen für ihre Arbeit zu bezahlen und vieles mehr – und zwar überall auf der Welt. Banken oder sonstige Mittelsmänner werden dafür nicht mehr benötigt. Wir müssen also, auch wenn alle Banken bankrottgehen, nicht zum Tauschhandel mit all seinen Einschränkungen übergehen.

Manchen Menschen ist es nicht geheuer, dass Bitcoin das Internet und Elektrizität braucht, um zu funktionieren. Sie befürchten, dass beide im Krisenfall nicht mehr zur Verfügung stünden und ihr Geld dann weg sei. Dieses Risiko halte ich für sehr gering. Internet und Elektrizität sind aus unserer Zivilisation nicht mehr wegzudenken. Ohne sie würden noch ganz andere Dinge nicht funktionieren als das Bitcoin-Netzwerk, von Kraftwerken bis hin zum Verkehrsnetz. Selbst in schwierigen Zeiten werden die Menschen daher eine hohe Priorität auf ein funktionierendes Internet und eine zuverlässige Stromversorgung legen. Bitcoin könnte einen zeitweiligen Totalausfall sogar verkraften. Solange es nur einen Rechner gibt, auf dem die Blockchain gespeichert ist, gehen keine Bitcoin verloren. Man könnte während eines Blackouts zwar keine Überweisungen tätigen, aber nahtlos weitermachen, sobald das Internet wieder läuft.

Denkbar ist auch, dass Bitcoin im Krisenfall nicht das normale Internet nutzt, sondern sogenannte lokale *Mesh-Netzwerke*, deren Knotenpunkte sich direkt miteinander verbinden, zum Beispiel per Funk.[39] Die Firma *Blockstream* hat für diesen Fall extra ein Netzwerk von Satelliten aufgebaut, auf denen die Bitcoin-Blockchain gespeichert ist.[40] Lokale Mesh-Netzwerke können sich mit diesen Satelliten verbinden und so das Bitcoin-Netzwerk auch bei einem Ausfall des klassischen Internets am Leben halten.

Grundsätzlich ist es nicht auszuschließen, dass das Bitcoin-Netzwerk gehackt wird. Hacker haben dies immer wieder versucht. In den elf Jahren seiner Existenz hatte jedoch kein Hackerangriff auf Bitcoin Erfolg. Ich spreche nicht von Hacks einzelner Börsen oder anderer Unternehmen, sondern vom Bitcoin-Netzwerk selbst. Auch Programmierfehler, die entdeckt wurden, konnten in kürzester Zeit korrigiert werden. Die Bitcoin-Entwickler gehören vermutlich zu den brillantesten Programmierern dieses Planeten – ihre Arbeitsweise ist extrem konservativ und auf höchstmögliche Sicherheit ausgerichtet. Immerhin sind im Bitcoin-Netzwerk mittlerweile Beträge im Wert von über 170 Milliarden US-Dollar gespeichert. Jede Neuerung wird daher lange hin und her diskutiert und doppelt und dreifach getestet, bevor sie eingeführt wird.

Wenn die Krise richtig ausbricht, wird Bitcoin höchstwahrscheinlich einen enormen Zustrom an neuen Nutzern erfahren. Hoffen wir, dass es noch einige Zeit dauert und das Bitcoin-Netzwerk dann reif dafür ist und diesen Wachstumsschub aushält. Einige Kinderkrankheiten des neuen Geldes müssen nämlich noch behandelt werden.

3.5 Schwächen von Bitcoin

Bitcoin ist mit seinen gerade einmal elf Jahren noch ein sehr junges Phänomen. Zum Vergleich: Das 1969 als *Arpanet* gestartete Internet wurde im Alter von elf Jahren nur von sehr wenigen Menschen benutzt, hauptsächlich von Wissenschaftlern an Universitäten und Forschungslaboren. Es war nur für Menschen mit

Computerkenntnissen zugänglich, denn die grafische Benutzeroberfläche des *World Wide Web* wurde erst 1989 erfunden. Erst
ab Mitte der 1990er-Jahre, also im Alter von etwa 25 Jahren,
entwickelte sich das Internet zu jenem Medium, ohne welches
wir uns das Leben heute kaum mehr vorstellen können.

Bitcoin ist noch nicht weit verbreitet

Auch Bitcoin ist in seinen frühen Jahren noch nicht besonders
weit verbreitet. Es wird geschätzt, dass zurzeit weltweit etwa 25
Millionen Menschen Bitcoin nutzen,[41] verglichen mit den über
7,5 Milliarden Menschen auf der Erde also noch sehr wenige.
Man kann schon viele Dinge mit Bitcoin kaufen, sowohl online
als auch in der realen Welt, dennoch ist Bitcoin noch weit davon
entfernt, als allgemeines Zahlungsmittel anerkannt zu sein. Das
liegt einerseits an der natürlichen Trägheit der Menschen, die
immer einige Zeit brauchen, um sich an neue Dinge zu gewöhnen. Andererseits hat Bitcoin noch einige handfeste Schwächen,
die überwunden werden müssen, damit es sich wirklich durch-
setzt.

Zu niedrige Geschwindigkeit

Im Vergleich zu Banküberweisungen sind die Wartezeiten bei
Bitcoin konkurrenzfähig, doch für die Nutzung im Alltag dauert
eine Bitcoin-Transaktion zu lang. Niemand würde bei einem Kauf
in der realen Welt mehrere Minuten oder gar Stunden warten, bis
eine Zahlung in der Blockchain bestätigt wird. Wer als Verkäufer
seinen Kunden nicht blind vertrauen und die Ware auch ohne
Bestätigung des Netzwerks herausgeben will, ist auf Dienstleister
wie *Bitpay* oder *Gocoin* angewiesen, die das Risiko übernehmen.
Doch eigentlich ist das erklärte Ziel bei Bitcoin ja, ohne solche

Mittelsmänner auszukommen und niemandem vertrauen zu müssen. Hier soll das *Lightning Network* Abhilfe schaffen, das wir schon in Abschnitt 2.2 kennengelernt haben. Mit Lightning sind Bitcoin-Zahlungen in Sekundenbruchteilen möglich, ohne dass man auf zentrale Dienstleister angewiesen ist.

Zu hohe Gebühren

Auch die Gebühren sind im Lightning Network deutlich niedriger als bei herkömmlichen Bitcoin-Zahlungen. Das ist wichtig, denn zu hohe Gebühren machen Bitcoin für den Alltag unbrauchbar. Zu Zeiten des Bitcoin-Booms Ende 2017, als viele neue Nutzer Bitcoin für sich entdeckten, war das Bitcoin-Netzwerk stark überlastet, sodass die Kosten pro Überweisung in absurde Höhen stiegen. Die Gebühren stehen nämlich nicht fest, sondern richten sich nach Angebot und Nachfrage und können daher bei Engpässen teuer werden. Sie haben sich durch einige technische Verbesserungen zwar wieder deutlich reduziert, doch beim nächsten Boom könnte sich Ähnliches wiederholen. Die Anzahl der technisch möglichen Überweisungen im Bitcoin-Netzwerk liegt zurzeit nur bei etwa fünf bis sieben pro Sekunde, was für den Massenmarkt viel zu wenig ist. Zum Vergleich: Kreditkartennetzwerke wie Visa oder Mastercard können mehrere Tausend Transaktionen pro Sekunde verarbeiten. Im Lightning Network sind sogar noch deutlich mehr Transaktionen möglich, daher ist es wichtig, dass es bald marktreif wird.

Zu wenig Anonymität

Das Lightning Network kann noch eine weitere Schwäche Bitcoins beheben: Bitcoin ist keineswegs so anonym, wie man glauben könnte. Alle Überweisungen sind öffentlich für jeden einsehbar in der Blockchain gespeichert. Es werden zwar keine Klarnamen verwendet, sondern lediglich die kryptischen Bitcoin-Adressen. Doch wenn Sie zum Beispiel eine solche Adresse auf Ihrem Blog veröffentlichen oder in einer unverschlüsselten E-Mail verschicken, kann jeder sehen, dass diese Adresse Ihnen gehört. In der Blockchain kann man dann mithilfe eines *Block Explorers* nachsehen, welche Transaktionen über diese Adresse gelaufen sind und wie viel Geld sie enthält. Daher ist es unbedingt empfehlenswert, für jede Transaktion eine neue Adresse zu benutzen. Würden Sie nur eine einzige Adresse benutzen, könnte jeder sehen, wie viele Bitcoin sie besitzen, auch das Finanzamt, die Mafia und andere Kriminelle. Doch auch wenn Sie diese Vorsichtsmaßnahme treffen, lassen sich mit einem gewissen Rechenaufwand Verhaltensmuster und Transaktionswege herausfinden. Das steht im Widerspruch zu dem anonymen Charakter, den man bei Bargeld erwartet.

Dies ist ein großer Nachteil der aktuellen Bitcoin-Version. Deshalb legen einige seiner Konkurrenten wie *Monero, Z-Cash* oder *Horizen* besonders großen Wert auf den Schutz der Privatsphäre, um sich von Bitcoin abzuheben. Sie verwenden dafür aufwendige Verschlüsselungstechniken und haben derzeit in puncto Anonymität die Nase vorn. Mit dem Lightning Network kann Bitcoin diesen Nachteil jedoch wieder ausgleichen, denn es arbeitet nach dem Prinzip des *Onion Routing*. Wie Zwiebelschalen sind die einzelnen Knotenpunkte der Route ineinander verpackt und dabei verschlüsselt. Jeder Knotenpunkt des Netzwerks kann immer nur den vorigen und den nächsten Knotenpunkt erkennen, an den er die Zahlung weiterleitet. Alle anderen sind für ihn verschlüsselt. Weder der ursprüngliche Absender noch der letztendliche Empfänger sind bekannt. Die Sorgen um den Schutz Ihrer Privatsphäre im Bitcoin-Netzwerk gehören also bald der Vergangenheit an.

Zu hohe Volatilität

Für viele Menschen sind die starken Kursschwankungen des Bitcoin, auch Volatilität genannt, ein Problem. Der Kurs des Bitcoin ist über die Jahre stark gestiegen, doch er hat auch immer wieder Phasen großer Verluste erlebt. Kurssprünge von 20 bis 30 Prozent an einem Tag sind keine Seltenheit, sowohl nach oben als auch nach unten. Wer die starken Kursschwankungen des Bitcoin nicht gewohnt ist, kann leicht nervös werden, wenn zum Beispiel die 1.000 Euro, die er gerade in Bitcoin erhalten hat, plötzlich nur noch 800 Euro wert sind. Wer des Öfteren erlebt hat, dass eine Bitcoin-Zahlung über 1.000 Euro kurze Zeit später eine Kaufkraft von 2.000 Euro und mehr hat, regt sich darüber vermutlich weniger auf, doch Bitcoin ist sicher nichts für Menschen mit schwachen Nerven.

Für Trader, die auf den Bitcoin-Kurs spekulieren, ist seine hohe Volatilität großartig. Wenn sie den richtigen Riecher haben, können sie viel Geld verdienen, egal ob sich der Kurs gerade nach oben oder nach unten bewegt. Für die Anwendung im Alltag sind die starken Schwankungen hingegen eher ungünstig. Es ist daher bisher unter Bitcoin-Nutzern üblich, Vereinbarungen über Preise in Euro oder Dollar zu treffen und dann den jeweiligen Tageskurs des Bitcoin zur Zahlung zu verwenden. Damit ist jedoch eine wichtige Funktion von Geld, nämlich eine Recheneinheit zu sein, in der man Werte ausdrückt, bei Bitcoin derzeit nicht gegeben.

3.6 StableCoins

Viele Unternehmen arbeiten daher zurzeit an sogenannten *StableCoins*, deren Wert stabil bleibt. Einige koppeln ihren Coin an staatliches Monopolgeld, zum Beispiel *Tether* oder der *True-USD*. Im Fall Tether versprach das ausgebende Unternehmen ursprünglich, für jeden von ihm erzeugten *Tether Coin* einen US-Dollar auf einem Bankkonto zu hinterlegen. Man konnte angeblich seine Tether jederzeit wieder gegen US-Dollar eintauschen. Derzeit (Juni 2020) sind etwa neun Milliarden Tether im Umlauf, die entsprechend mit neun Milliarden US-Dollar gedeckt sein müssten. Es gab einige Zweifel, ob dies wirklich stimmt. Sind die US-Dollar tatsächlich in vollem Umfang vorhanden, oder betreibt Tether ein Teilreservesystem wie die Banken? Dies wäre möglich, denn es werden schließlich nicht alle Kunden gleichzeitig ihre Tether eintauschen wollen. Nachdem es Ärger mit den US-Aufsichtsbehörden und viel Kritik innerhalb der Bitcoin-Szene gab,[42] ist Tether von dem Versprechen der Volldeckung wieder abgerückt.

Doch unabhängig davon, ob man dieses Unternehmen für glaubwürdig hält oder nicht, ist eine solche Kopplung einer Kryptowährung an staatliches Monopolgeld ein Widerspruch in sich. Es ist sicher keine Lösung für den anstehenden Zusammenbruch des Zwangsgeldsystems. Andere StableCoins, wie etwa der *Digix Gold Token* oder der *DinarDirham* sind angeblich durch Gold gedeckt. Doch auch hier bleibt die Frage offen, ob das ausgebende Unternehmen tatsächlich über die entsprechende Menge an Gold verfügt.

Einen anderen Weg gehen Projekte wie *DAI, Synthetix* oder *Money-on-Chain*. Hier werden etablierte Kryptowährungen als Sicherheit hinterlegt. Niemand muss dem ausgebenden Unternehmen vertrauen, denn Kryptowährungen sind transparent und ihre Blockchains öffentlich einsehbar. Während DAI und Synthetix auf *Ethereum* aufsetzen – ein Projekt, das ich eher kritisch sehe –, basiert Money-on-Chain auf Bitcoin, der mit Abstand sichersten und zuverlässigsten Kryptowährung. Ihr *Dollar-on-Chain* ist ebenfalls an den Wert des US-Dollar gekoppelt, jedoch mit Bitcoin hinterlegt. Der Dollar ist lediglich eine Rechengröße, die benutzt wird, weil die Menschen sich daran gewöhnt haben. Reale Dollar tauchen im Money-on-Chain-System nirgendwo auf.

Bitcoin-Besitzer können ihre Bitcoin als Sicherheit zur Verfügung stellen und darauf Zinsen erhalten. Diese werden von Spekulanten bezahlt, die sich die Bitcoin ausleihen, um damit zum Beispiel auf einen steigenden oder fallenden Bitcoin-Preis zu wetten. Wenn Sie dafür nicht nur ihre eigenen Coins, sondern zusätzlich die geliehenen einsetzen (man spricht dann von *Leverage*), sind Ihre Gewinnchancen deutlich höher, selbst wenn man die Zinsen für die Eigentümer der Bitcoin abzieht. Die

Catalina Castro erklärt Money-on-Chain

Spekulanten können sehr hohe Gewinne erzielen, wenn sie den richtigen Instinkt haben, aber auch viel Geld verlieren. Ähnlich wie bei einem Warenterminkontrakt übernehmen sie das Risiko und halten so den Preis des Dollar-on-Chain stabil. Die weniger risikofreudigen Besitzer des DoC-StableCoins können sich wiederum sicher sein, dass er nicht an Wert verliert, dafür können sie jedoch nicht von etwaigen Kurssteigerungen des ihm zugrunde liegenden Bitcoin profitieren.

Money-on-Chain ist ein cleveres Konzept, denn es behält die Vorteile von Bitcoin bei und erzeugt dennoch stabile Währungseinheiten, die den Menschen vertraut sind. Ich kann mir gut vorstellen, dass ein StableCoin wie der Dollar-on-Chain die Funktion des Zahlungsmittels im Alltag übernehmen wird. Bitcoin könnte hingegen als darunterliegende Reservewährung fungieren, quasi als „digitales Gold". In Zukunft soll es auch *Euro-on-Chain, Yuan-on-Chain* und weitere durch Bitcoin gedeckte StableCoins geben, die mit den zurzeit bekannten Währungen arbeiten, ohne von ihnen und den sie ausgebenden Zentralbanken abhängig zu sein. So wie man nach der Einführung des Euro noch einige Zeit alle Beträge in die gewohnten D-Mark, Franc oder Pesetas umgerechnet hat, werden auch Dollar, Euro oder Yuan sicher noch einige Zeit in den Köpfen der Menschen weiterleben, selbst wenn es diese Währungen nicht mehr gibt oder sie durch Hyperinflation wertlos geworden sind.

Ich halte die Entscheidung des Money-on-Chain-Teams, auf Bitcoin zu setzen, für die richtige, denn die Bitcoin-Blockchain ist die mit Abstand sicherste und am schwersten zu manipulierende Blockchain der Welt. Bei aller Sympathie für den freien Wettbewerb und die vielen Hundert Bitcoin-Epigonen, von denen manche durchaus ihre Vorzüge haben: Keiner von ihnen hat ähnliche hohe Chancen, sich als Weltreservewährung und „neues Gold" durchzusetzen, wie Bitcoin.

Der Hauptgrund hierfür: Nur Bitcoin konnte sein Netzwerk fast unbeachtet von der Öffentlichkeit mehrere Jahre lang aufbauen, auf Herz und Nieren testen und dabei aus Fehlern lernen. Alle seine Nachfolger stehen hingegen von Anfang an unter scharfer Beobachtung. Jeder Softwarefehler, jede Fehlentscheidung, jedes Vorab-Mining in die Taschen der Gründer wird mit Häme kommentiert und kann zu einem Preissturz führen. Diesen *First Mover Advantage* kann Bitcoin niemand mehr nehmen. Er ist bei Geld, das sehr stark vom Netzwerk-Effekt und vom Vertrauen der Nutzer abhängt, wesentlich wichtiger als bei anderen Produkten, wo sich durchaus der *Second* oder *Third Mover* als Sieger herausstellen kann.

Ein weiterer Vorteil von Bitcoin gegenüber allen anderen Kryptowährungen: Es gibt keine anfällige Zentralstelle, keinen „genialen Erfinder", der immer einmal wieder seine Grundsätze über Bord wirft und durch seine Autorität fragwürdige Änderungen an der Software durchsetzen kann, wie es zum Beispiel „Ethereum-Papst" Vitalik Buterin praktiziert. Bitcoins Erfinder Satoshi Nakamoto ist mit Absicht spurlos verschwunden. Es gibt bei Bitcoin keine „unfehlbare" Autorität. Die Entwickler des sogenannten Bitcoin-Core-Teams unterliegen strenger Kontrolle durch alle anderen und müssen sich ihre fachliche Anerkennung immer wieder hart erarbeiten. Änderungen am Code sind nur mit großer Überzeugungsarbeit in der gesamten Community durchzusetzen. Was sich zunächst wie ein Nachteil anhört, ist tatsächlich ein großer Vorteil von Bitcoin: Die Kryptowährung ist extrem schwer zu verändern, denn sie wird von niemandem kontrolliert und beherrscht.

Angesichts der zuvor beschriebenen Vorteile halte ich die Nachteile des Bitcoin für überschaubar. Viele kluge Menschen arbeiten daran, Verbesserungen für bisherige Schwächen zu entwickeln. Das Risiko, einen Teil seiner Ersparnisse in Bitcoin anzulegen, ist also durchaus kalkulierbar. Bitcoin ist eine der besten Methoden, sein Geld nicht nur vor der Enteignung durch den Staatsapparat zu retten, sondern es wahrscheinlich sogar deutlich zu vermehren.

Hundertprozentige Sicherheit kann es in der Computerwelt allerdings nicht geben. Deshalb sollten Sie sich auch mit anderen Anlageformen und -strategien beschäftigen. Darum geht es im folgenden Kapitel.

4

Investieren nach Wiener Art

Die in Kapitel 1 erwähnten Ökonomen Ludwig von Mises, Friedrich August von Hayek und Eugen Böhm von Bawerk gehören einer Denkschule an, die man die „Österreichische" oder „Wiener Schule" nennt.[43] Ihre Einsichten sind für ein besseres Verständnis des Geldsystems sehr hilfreich. Alles, was ich in Abschnitt 1.2 (Das Monopolgeldsystem) geschrieben habe, beruht darauf. Auch das Wesen des Zinses und die Ursachen von Konjunkturzyklen haben die „Wiener" überzeugend analysiert. Vertreter der Wiener Schule haben sowohl die Weltwirtschaftskrise von 1929 als auch die von 2008 vorausgesagt, während viele andere „Wirtschaftsweisen" von beiden überrascht wurden. Wer sich für die kommende Krise wappnen will, ist daher gut beraten, sich mit den Lehren der Wiener Schule zu beschäftigen. Dies wollen wir im Folgenden tun, ohne zu theoretisch zu werden. Unser besonderes Augenmerk liegt ja darauf, wie man sein Geld in Krisenzeiten in Sicherheit bringen und sogar vermehren kann. Genau darauf ist Steffen Krug vom *Institute for Austrian Asset Management* spezialisiert, mit dem ich für dieses Kapitel zusammengearbeitet habe.

4.1 Die Wiener Schule der Volkswirtschaft

Die Wiener Schule der Volkswirtschaft entstand Mitte des 19. Jahrhunderts, wie der Name vermuten lässt, in Wien. Ihr Gründer war Carl Menger, Professor für Wirtschaftswissenschaft an der Wiener Universität. Weitere wichtige Köpfe waren die bereits erwähnten Herren Böhm von Bawerk, Mises und Hayek. In Österreich selbst spielt die Wiener Schule heute kaum noch eine Rolle, nachdem ihre führenden Köpfe vor den Nationalsozialisten fliehen mussten. An den Universitäten der Welt werden ihre Erkenntnisse heute nur noch selten gelehrt. Zu den wenigen Ausnahmen gehören die *Universidad Francisco Marroquín* in Guatemala, die *Universidad Rey Juan Carlos* in Madrid und die *George Mason University* in Fairfax, Virginia. Das liegt vermutlich daran, dass die Wiener Schule jegliche Einmischung des Staates in die Wirtschaft ablehnt, was an staatlichen Universitäten natürlich nicht gern gesehen wird. Die meisten Wirtschaftswissenschaftler werden heute von staatlichen Behörden, Universitäten oder Zentralbanken bezahlt. Für die staats- und zentralbankkritischen Vertreter der Wiener Schule haben sie keine Verwendung.

Die heute dominierenden Wirtschaftsschulen versuchen, Wirtschaft in Form von mathematischen Modellen abzubilden. Dies wird von den „Wienern" kritisch gesehen. Sie finden es nicht überzeugend, von einem rein rational handelnden *Homo oeconomicus* auszugehen, dessen Verhalten zwar zu den Theorien passt, aber in der Realität nicht zu beobachten ist. Für sie steht das wirkliche menschliche Handeln im Mittelpunkt. Eines der wichtigsten Bücher der Wiener Schule, verfasst von Ludwig von Mises, trägt denn auch den Titel „Human Action"[44] – in der deutschen Übersetzung: „Menschliches Handeln".[45]

Eugen Böhm von Bawerk auf der 100-Schilling-Note

Nachdem die Wiener Schule für einige Zeit fast in Vergessenheit geraten war, gewann sie in den letzten Jahren wieder an Popularität. Dazu trug insbesondere der US-Politiker Ron Paul bei, ein überzeugter „Wiener", der mehrfach für das Amt des US-Präsidenten kandidierte und insbesondere junge Leute für sich begeistern konnte. Ein weiterer wichtiger Faktor: Bitcoin. Der Krypto-User @Mattoshin twitterte dazu: „Bitcoins größter Erfolg war es, eine Generation von Menschen, die eigentlich nur psychedelische Drogen online bestellen wollten, in vollwertige Anhänger der

Wiener Schule der Volkswirtschaft zu verwandeln.'"[46] Das ist natürlich ein wenig übertrieben, aber es gibt in der Tat eine große Überschneidung zwischen Kryptonutzern und Anhängern der Wiener Schule. Ich vermute, dass viele Menschen sich erst durch die Beschäftigung mit Bitcoin Gedanken darüber gemacht haben, was Geld eigentlich ist, und dabei auf die Werke von Geldtheoretikern wie Ludwig von Mises, Friedrich August von Hayek oder dem Mises-Schüler Murray Rothbard gestoßen sind.

4.2 Mises' Geld- und Konjunkturtheorie

Ludwig von Mises war zweifellos eine der herausragendsten Persönlichkeiten der Wiener Schule. Er wurde 1881 im heute ukrainischen Lwiw geboren, das damals Lemberg hieß und zu Österreich-Ungarn gehörte. Mises studierte und habilitierte bei Eugen Böhm von Bawerk an der Universität Wien, erhielt jedoch wegen seiner jüdischen Herkunft und seiner staatskritischen Einstellung in Österreich nie eine Professur. Stattdessen leitete er ein Privatseminar, aus dem viele bekannte Wirtschaftswissenschaftler hervorgingen, darunter der spätere Nobelpreisträger Friedrich August von Hayek, mit dem Mises ab 1927 das *Österreichische Institut für Konjunkturforschung* betrieb. 1938 musste Mises vor den Nationalsozialisten fliehen, zunächst in die Schweiz, dann in die USA. Bis zu seinem Tod 1973 lebte und lehrte er in New York. Er beeinflusste viele Vordenker der libertären Bewegung in den USA, etwa Murray Rothbard, Lew Rockwell oder Ron Paul. Heute tragen zahlreiche Institute für Wirtschaftsforschung überall auf der Welt seinen Namen. Auch in Deutschland gibt es ein Ludwig-von-Mises-Institut, das Seminare und Konferenzen veranstaltet und einen eigenen Blog betreibt.

Das Regressionstheorem

Mises verfeinerte die Geldtheorie Carl Mengers in seiner 1912 erschienenen Habilitationsschrift „Theorie des Geldes und der Umlaufmittel". Darin erklärt er, wie Geld zu seinem Wert kommt – eine Frage, an der sich Ökonomen bis dahin die Zähne ausgebissen hatten. Das logische Problem: Die Menschen fragen Geld nach, weil es eine Kaufkraft hat, und es hat eine Kaufkraft, weil die Menschen es nachfragen. Mises löste diesen Zirkelschluss auf, indem er den Faktor Zeit miteinbezog: Geld wird heute nachgefragt, weil es gestern eine Kaufkraft hatte, und es wurde gestern wegen seiner Kaufkraft von vorgestern nachgefragt. Wenn man immer weiter in der Zeit zurückgeht, kommt man an den Punkt, an dem ein Gut erstmals eine Geldfunktion einnahm. Nach diesem *Regressionstheorem* können nur Edelmetalle wie Gold oder Silber als wirkliches Geld angesehen werden. Früher verwendetes Warengeld wie Vieh, Muscheln oder Pfeilspitzen lassen wir hier außer Acht, denn es hat seine Geldfunktion weitgehend verloren. Banknoten waren ursprünglich nichts weiter als Quittungen, die der Besitzer gegen Gold oder Silber eintauschen konnte. Das heute verwendete, durch kein Sachgut mehr gedeckte Scheingeld ist nach Ansicht von Ludwig von Mises wertlos und schädlich. Er war daher ein strikter Gegner des staatlichen Monopolgelds, das von Zentral- und Geschäftsbanken aus dem Nichts erzeugt werden kann (siehe Abschnitt 1.2). Mises trat für einen Goldstandard ohne Teilreserve ein, in dem jede Banknote zu 100 Prozent durch Gold gedeckt ist.

Ludwig von Mises

Konjunkturzyklen laut Mises

Ein weiterer wichtiger Beitrag von Ludwig von Mises zur Wirtschaftswissenschaft ist seine Erklärung der Konjunkturzyklen. Hauptverursacher extremer Konjunkturschwankungen sind laut Mises die Zentralbanken und ihre Politik der künstlichen Geldvermehrung. In einem wirklich freien Markt kann man nur Geld, das durch Konsumverzicht gespart wird, für Investitionen nutzen. Der Zins entsteht auf dem freien Markt durch Angebot und Nachfrage und hat somit eine wichtige Signalfunktion: Steht viel erspartes Geld zur Verfügung, ist der Zins niedriger; wird weniger gespart, ist der Zins höher und Investitionen sind entsprechend teurer.

In einem zentralistischen Geldsystem wird der Zins hingegen willkürlich von der Zentralbank festgelegt und verliert somit seine Signal- und Steuerfunktion. Investoren würden in einem freien Markt ihr erspartes Geld nur in solche Projekte stecken, für die es tatsächlich einen Bedarf gibt. Wenn hingegen Geld aus dem Nichts erzeugt und in die Wirtschaft gepumpt werden kann, wird dieser Prozess verzerrt. Günstige Kredite lassen eigentlich unsinnige Investitionen als lukrativ erscheinen. So werden Ressourcen verschwendet und die Volkswirtschaft langfristig geschädigt. Früher oder später wird ein auf diese Weise künstlich erzeugter Wirtschaftsboom in sich zusammenbrechen und zu schmerzhaften Korrekturen bis hin zur Depression führen.

Dies konnte man besonders deutlich in der Weltwirtschaftskrise von 1929 beobachten. Seit Gründung der *Federal Reserve* in den USA 1913 versorgte diese die Wirtschaft mit zinsgünstigen Krediten, was zunächst zu einem Wirtschaftsboom und zu einem starken Wachstum der Aktienkurse führte, nicht nur in den USA, sondern zum Beispiel auch in Deutschland, das den Wiederaufbau seiner Wirtschaft nach dem Ersten Weltkrieg und der Hyperinflation der frühen 1920er-Jahre zu einem Großteil mit Krediten aus den USA finanzierte. Als diese Blase im Herbst 1929 platzte, war die Anpassung der Wirtschaft an die Realität schmerzhaft, nach Ansicht von Vordenkern der Wiener Schule jedoch unvermeidbar. Murray Rothbard, ein Schüler von Mises, analysierte die Ursachen der Weltwirtschaftskrise in seinem Buch „America's Great Depression" von 1963[47] und kam zu dem Schluss, dass erst die Gegenmaßnahmen der Politiker, die die Arbeitslosigkeit mit staatlichen Konjunkturprogrammen bekämpfen wollten (*New Deal*), aus einem notwendigen Korrekturprozess die „Große Depression" der 1930er-Jahre machten.

In seinem Hauptwerk „Human Action" schreibt Mises: „Das wiederkehrende Auftreten von Boomperioden mit nachfolgenden Depressionsperioden ist das unvermeidliche Ergebnis der ständig wiederholten Versuche, den Marktzins durch Kreditexpansion zu senken. Es gibt keine Möglichkeit, den finalen Zusammenbruch eines Booms zu verhindern, der durch Kreditexpansion erzeugt wurde. Die einzige Alternative lautet: Entweder die Krise entsteht früher durch die freiwillige Beendigung einer Kreditexpansion – oder sie entsteht später als finale und totale Katastrophe für das betreffende Währungssystem."[48]

4.3 Das Wiener Investment-Portfolio

Obwohl es die Wiener Schule seit über 170 Jahren gibt, ist eine Anlagestrategie auf Basis ihrer Lehren ein noch relativ junges Phänomen. Anhänger der Wiener Wirtschaftstheorie, die Geld anlegen wollten, hielten sich lange Zeit zumeist an die Strategie des *Value Investing* (auch „wertorientiertes Anlegen" genannt). Sie wurde in den 1930er-Jahren von Benjamin Graham und David Dodd entwickelt und bezieht sich vor allem auf Aktien und Unternehmensanleihen. Dabei wird der Wert eines Unternehmens anhand von bestimmten Kennzahlen erfasst, etwa dem Kurs-Gewinn-Verhältnis, dem Verschuldungsgrad, der Ertragskraft der Vergangenheit oder der Dividendenrendite. Das Ziel von *Value Investors* ist es, in unterbewertete Unternehmen zu investieren und davon zu profitieren, wenn der Markt ihren wahren Wert erkennt und ihr Marktpreis entsprechend steigt. Einer der bekanntesten Vertreter dieser Anlagephilosophie ist Warren Buffett von Berkshire Hathaway, der bekannt dafür ist, nur in Unternehmen zu investieren, deren Geschäft er selbst versteht.

Steffen Krug

Der erste, der eine explizit auf den Lehren der Wiener Schule basierende Anlagestrategie kreiert hat, ist Steffen Krug, der Gründer des *Institute for Austrian Asset Management* mit Sitz in Hamburg. Auf seiner Expertise baut dieses Kapitel auf. Nach dem Studium der Volkswirtschaft in Heidelberg, Reims und Frankfurt (Oder) bei einigen der wenigen Professoren, die noch zur Wiener Schule zählten, arbeitete er für einige Zeit als Wertpapierspezialist für eine Hamburger Bank und machte sich 2001 als bankenunabhängiger Vermögensberater selbstständig. „Mit Beginn der Weltwirtschaftskrise ab 2007 waren die Börsenkurse durch die Aktivitäten der Zentralbanken derart aufgeblasen, dass die Value-Kennzahlen eine verzerrte Unternehmensbewertung wiedergaben", erzählt Steffen Krug. „Für Kenner der Wiener Geld- und Konjunkturtheorie war der Einbruch der Value Fonds wie dem *Templeton Growth* um 60 Prozent zu Beginn des Jahres 2009 daher keine Überraschung. Wenn man an einem Tisch mit Falschspielern sitzt, die wie die Zentralbanken nach Belieben gezinkte Karten aus ihren Ärmeln ziehen können, muss man seine Strategie ändern und kann nicht weiter auf die alten Spielregeln vertrauen."[49]

Zu seiner Überraschung fand er auch nach längerer Recherche nirgendwo auf der Welt eine auf den „Wiener" Prinzipien beruhende Anlagestrategie, sodass er sich entschloss, selbst eine zu entwickeln.[50] Im Folgenden wollen wir sie in den Grundzügen vorstellen.

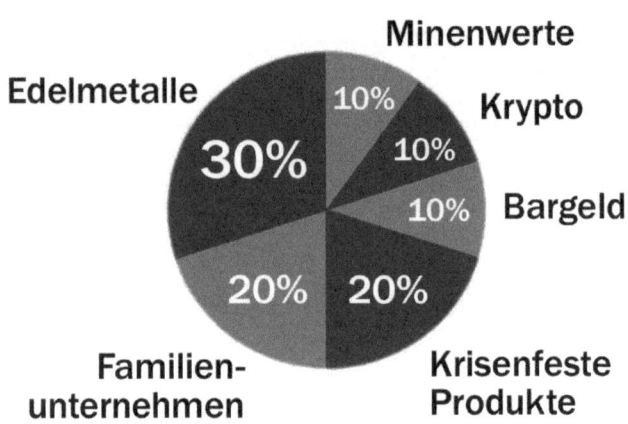

Das Wiener Portfolio

Physisches Gold und Silber

Steffen Krug empfiehlt, 30 Prozent Ihres Vermögens in Edelmetalle wie Gold und Silber zu investieren – nicht in „Papiergold" wie Zertifikate oder ETFs, sondern in echtes Metall. Sie sollten es in einem Zollfreilager in der Schweiz aufbewahren, das diebstahlsicher und vor staatlichen Zugriffen geschützt ist. Hundertprozentige Sicherheit gibt es natürlich auch hier nicht, aber die Schweiz hat wohl von allen Ländern der Welt die höchste Reputation, wenn es um die sichere Verwaltung von Vermögen geht. Mit Ihrem Lagerschein, der per *Indossament* übertragen werden kann, können Sie Grenzen überschreiten, ohne Angst zu haben, dass Ihr Gold konfisziert wird. Der Nachteil von physischem Gold und Silber: Es wirft keine Dividende oder Zinsen ab, und die Lagerung kostet Geld. In Krisenzeiten werden Gold und Silber jedoch mit hoher Wahrscheinlichkeit als „sichere Häfen" angesehen werden, sodass mit hohen Kursgewinnen zu rechnen ist.

Minenwerte

Auch eine Investition in Minenunternehmen, die Gold, Silber oder andere Edelmetalle wie Platin oder Palladium schürfen, kann in Krisenzeiten zu hohen Kursgewinnen führen. Im Unterschied zum reinen Gold müssen Sie sich hier natürlich die Kennzahlen genau ansehen, denn Sie wollen ja in ein gut geführtes Unternehmen investieren. Der Vorteil: Zeichnen Sie eine Anleihe, so erhalten Sie zusätzlich zu etwaigen Kursgewinnen Zinsen. Erwerben Sie Aktien, so bringen diese im günstigsten Fall hohe Dividenden. Insbesondere die Dividendenrendite der letzten Jahre ist daher ein Wert, auf den Sie achten sollten. Zehn Prozent Ihres Portfolios sollten Sie laut Steffen Krug in Minenwerte investieren.

Aktien und Anleihen von soliden Familienunternehmen

Familienunternehmen werden erfahrungsgemäß besser und mit längerfristiger Perspektive geführt als solche mit einem angestellten Management, das eher auf Quartalszahlen fixiert ist. Der echte Unternehmer hat *Skin in the Game,*[51] er riskiert sein persönliches Vermögen und wird immer das langfristige Wohl des Unternehmens als Ganzes in den Vordergrund stellen. Angestellte Manager tun das naturgemäß nicht, sie sind kurzfristiger orientiert und mehr an ihren nächsten Bonuszahlungen als am Erhalt der Kapitalsubstanz des Unternehmens interessiert.

Gerade in Krisenzeiten sind Sie daher mit einem Investment in solide, konservativ geführte Familienunternehmen besser beraten als mit den neuesten Start-ups aus dem Silicon Valley. Die empfohlene Gewichtung für solide Familienunternehmen im Portfolio beträgt 20 Prozent.

Unternehmen, die jederzeit nachgefragte Produkte herstellen

Investieren Sie in Unternehmen, deren Produkte auch in Krisenzeiten nachgefragt werden. Luxusprodukte, Reiseunternehmen oder Restaurantketten scheiden also eher aus, denn an diesen Dingen werden die meisten Menschen zuerst sparen. Sinnvoller sind Investitionen in Grundnahrungsmittel, Kosmetikartikel des täglichen Bedarfs und Energie. Warren Buffet ist bekannt dafür, in Aktien wie Coca-Cola, Johnson & Johnson oder General Electric zu investieren. „Heutzutage ist den Menschen der Zugang zum Internet und zu ihrem Handy essenziell wichtig", sagt Steffen Krug. „Internet- und Mobilfunkprovider sowie Handy-Unternehmen erfüllen mittlerweile ein Grundbedürfnis, sodass sie in diese Kategorie passen. Aber auch Hersteller von Dieselgeneratoren könnten interessant sein, denn die Menschen wollen ihr Handy aufladen können, auch wenn die allgemeine Stromversorgung zusammenbricht."[52] 20 Prozent Ihres Portfolios sollten Sie also in Unternehmen investieren, deren Produkte und Dienstleistungen auch in Krisenzeiten dringend benötigt werden.

Bargeld

Steffen Krug empfiehlt, etwa zehn Prozent Ihres Portfolios in jenen Währungen zu halten, die auch nach dem Zusammenbruch des Euro noch existieren werden, zum Beispiel US-Dollar,

Singapur-Dollar, Schweizer Franken oder Norwegische Kronen. Ein Investment in staatliches Monopolgeld mag etwas widersprüchlich klingen, nachdem wir in den vorigen Kapiteln nicht besonders gut darüber gesprochen haben. Aber wir wollen ja nicht die reine Wiener Lehre verwirklichen, sondern eine Krisenzeit heil überstehen. Hierfür ist Liquidität wichtig, denn was nützen Ihnen die besten Aktien und Goldbarren, wenn Sie Lebensmittel kaufen müssen?

Insbesondere der US-Dollar wird so lange eine wichtige Rolle spielen, wie Saudi-Arabien und die anderen OPEC-Staaten ausschließlich US-Dollar für ihr Öl akzeptieren – diesen Deal handelte US-Präsident Nixon mit dem saudi-arabischen König in den 1970er-Jahren als Gegenleistung für militärischen Schutz aus. Die USA sind wohl das einzige Land der Welt, das sich hemmungslos weiter verschulden und Geld drucken kann, denn der Dollar wird weltweit allein für den Ölhandel weiterhin nachgefragt. Wie lange der Dollar noch als Weltwährung bestehen bleibt, ist allerdings unsicher. Keine der bisherigen Weltwährungen, weder der Spanische Peso noch das Britische Pfund, konnte ihre dominierende Stellung länger als ein paar Hundert Jahre halten. Doch für die nahe Zukunft ist ein Investment in US-Dollar noch eine gute Idee.

Bitcoin und andere Kryptowährungen

Zehn Prozent Ihres Portfolios sollten laut Steffen Krug aus Kryptowährungen wie Bitcoin bestehen. Das ist eine überraschend hohe Zahl, wenn man bedenkt, dass sein Kundenstamm weniger aus Computernerds, sondern hauptsächlich aus Krawatte tragenden älteren Herren besteht. „Wir hatten bei unserem libertären Stammtisch in Hamburg schon 2010 einen Bitcoin-Experten zu Gast", erzählt Steffen. „Später haben wahrscheinlich viele bereut, dass sie nicht auf sein Angebot eingegangen sind, von ihm Bitcoin zu kaufen – der Kurs lag damals bei weniger als einem Dollar."[53] Auch mich hat Steffen bereits zweimal zu seiner Mark-Banco-Anlegertagung eingeladen, um über Bitcoin zu sprechen, und das Interesse des Publikums war jeweils überraschend groß.

Bei Bitcoin scheiden sich die Geister in der Wiener Schule. Einige ihrer Vertreter, wie Steffen Krug oder Prof. Thorsten Polleit, der Präsident des Mises-Instituts Deutschland, sehen Bitcoin als willkommene Alternative zum Fiat-Geldsystem. Andere „Wiener", wie der US-Amerikaner Peter Schiff, der durch seine leicht verständlichen Bücher über Wirtschaftsthemen populär wurde und auch Ron Paul beriet, stehen Bitcoin hingegen kritisch gegenüber. Sie sehen einen Widerspruch zu Mises' Regressionstheorem (siehe Abschnitt 4.2), denn Bitcoin war natürlich nie eine Ware, die man auch für andere Dinge als zum Bezahlen benutzen kann, wie etwa Gold oder Silber. Doch Prof. Thorsten Polleit sieht diesen Widerspruch nicht, denn Bitcoin ist in einer Welt entstanden, in der es schon Geld gab. Bitcoin werden von Menschen freiwillig gegen Dollar, Euro oder andere Fiatwährungen getauscht, deren Wert sich, wenn man immer weiter in der Zeit zurückgeht, auf Warengeld wie Gold oder Silber zurückführen lässt. So lässt sich der scheinbare Widerspruch zum Regressionstheorem auflösen.[54]

Ob Sie den Ratschlägen Steffen Krugs folgen oder lieber Ihren eigenen Portfolio-Mix zusammenstellen, liegt natürlich an Ihnen. Ich persönlich würde Bitcoin und Co noch deutlich höher gewichten, denn bei keiner Anlageklasse gibt es ein so hohes Wachstumspotenzial. Ein sehr praktischer Service, um Gold gegen Bitcoin zu handeln und sich so vor starken Schwankungen abzusichern, ist *Vaultoro*. Sie können dort Gold für Bitcoin kaufen und wieder zurücktauschen (nicht jedoch zuerst mit Gold einsteigen und dafür Bitcoin kaufen). Auch hier wird das Gold in einem Schweizer Zollfreilager aufbewahrt und ist Ihr persönliches Eigentum. Wenn zum Beispiel der Bitcoin-Preis einmal wieder in absurde Höhen steigt und der nächste Kurssturz absehbar ist, könnten Sie einen Teil Ihrer Bitcoin bei Vaultoro in Gold umtauschen. Wenn der Bitcoin-Preis dann wieder gefallen ist, machen Sie Ihr Gold wieder zu Bitcoin und erzielen so hohe Gewinne. Hätten Sie zum Beispiel auf dem Höhepunkt des Bitcoin-Booms von 2017 beim Kurs von knapp 20.000 Dollar Ihre Bitcoin in Gold getauscht, hätten Sie mit Ihrem Gold auf dem Tiefpunkt Ende 2018 Bitcoin zum Kurs von 3.500 US-Dollar kaufen können. Ich rechne zwar in Zukunft mit etwas weniger Volatilität beim Bitcoin, aber extreme Kurschwankungen werden auch weiterhin auftreten. Ein Dienst, der diese Schwankungen mit Gold absichert, ist also sehr nützlich.

4.4 Schwächen der Wiener Anlagestrategie

Grundsätzlich zielen Steffen Krugs Empfehlungen darauf ab, langfristig Werte zu erhalten und einen Zusammenbruch des Finanzsystems heil zu überstehen. Man muss sich darüber im Klaren sein, dass es dann Phasen geben kann, in denen sich das Portfolio schlechter entwickelt, als es bei anderen Anlagestrategien der Fall ist. Weil man durch die Einsichten der Wiener Schule die zukünftige Entwicklung zu Recht eher pessimistisch sieht, kann man in der Boomphase Gewinnchancen verpassen.

Der „Wiener" Wirtschaftswissenschaftler William Anderson, Professor an der Frostburg State University, hat zum Beispiel bereits im Sommer 1999 davor gewarnt, dass der damalige *Dotcom*-Boom eine Blase sei und böse enden würde. Das hat sich als vollkommen korrekt herausgestellt. Allerdings hatte der Kurs des Nasdaq Index damals noch nicht einmal die Hälfte des Spitzenwertes vom April 2000 erreicht. Wer bereits im Sommer 1999 Andersons Warnungen gefolgt ist, hat von der stärksten Phase des Booms also nichts mitbekommen.[55] Gewinnträchtiger wäre es gewesen, den Hype einige Zeit mitzumachen, einen Teil seines Geldes in hochriskante Internet-Aktien zu stecken, die Gewinne einzustreichen und erst im April 2000 auf eine „Wiener" Anlagestrategie umzuschwenken. Das setzt allerdings starke Nerven und einen guten Riecher für den richtigen Moment zum Ausstieg voraus.

Ähnliches geschah beim *Subprime Bust*, der die Finanzkrise 2007/2008 auslöste. Bereits 2004 hatte Mark Thornton, Senior Fellow am *Ludwig von Mises Institute* in Alabama, davor gewarnt, dass der damalige Boom in einer großen Krise enden würde und Banken mit Steuergeldern gerettet werden müssten. Damals erntete diese Warnung seitens der Mainstream-Ökonomen und der Finanzpresse nur ein mitleidiges Lächeln, kaum jemand befolgte sie. Und tatsächlich konnte man noch rund drei Jahre lang mit den Derivaten, die später den Crash auslösten, eine Menge Geld verdienen. Auch die Börsenkurse entwickelten sich drei Jahre lang prächtig weiter.[56] Solange der „Boom" noch in vollem Gang ist, können diejenigen, die langfristig den „Bust" genannten Absturz voraussehen, wie Verlierer aussehen. Als Investor nach Wiener Art braucht man Geduld und Durchhaltevermögen. Sie können Ihre Anlagestrategien auch der Marktlage anpassen: In Boomzeiten schwimmen Sie mit dem Strom und investieren in jeden Quatsch, der gerade modern ist. Wenn sich die Bust-Phase andeutet, verkaufen Sie alles und schwenken auf eine „Wiener" Anlagestrategie um, wie in Abschnitt 4.3 beschrieben.

Reichen diese Anlagetipps aus, um eine Krise zu überstehen? Ich denke, nein. Es geht ja nicht nur darum, sein Geld in Sicherheit zu bringen, sondern auch darum, allgemein ein gutes Leben zu führen. Damit wollen wir uns in den nächsten beiden Kapiteln beschäftigen.

Weblinks und Buchtipps

Institute for Austrian Asset Management: *www.ifaam.de*

Rahim Taghizadegan, Ronald Stöferle, Mark Valek: *Österreichische Schule für Anleger – Austrian Investing zwischen Inflation und Deflation*, FBV München, 2014.

Dr. Thomas Mayer: *Die neue Kunst, Geld anzulegen: Mit Austrian Finance zu einem besseren Portfoliomanagement*, FBV München, 2016.

Mark Spitznagel: *Das Tao des Kapitals: Erfolgreich investieren mit der Österreichischen Schule*, Börsenbuchverlag, Kulmbach, 2016.

5

Raus aus der Steuerhölle

Wenn die Krise kommt, werden insbesondere Hochsteuerländer wie Deutschland, Österreich oder Schweden davon besonders hart getroffen werden. Die Menschen sind dort daran gewöhnt, sich auf einen fürsorglichen Sozialstaat zu verlassen. Echte menschliche Solidarität ist den Menschen konsequent aberzogen worden. Sozialstrukturen wie Familien, Religionsgemeinschaften, Nachbarschafts- oder Freundeskreise, die über Jahrtausende der sozialen Sicherung dienten, wurden großteils durch „Vater Staat" ersetzt. Der wird sich schon kümmern, denken viele, warum zahlen wir schließlich so viel Steuern? Doch allein das Wortmonster „Vater Staat" zeigt, dass der Sozialstaat seine

Bürger zu unmündigen Kindern erzieht. Wenn der „Vater" dann sterbenskrank ist, werden seine Kinderchen gehörige Probleme bekommen.

Eine große Gefahr in den wohlhabenden Sozialstaaten Westeuropas ist die Auffassung, man sei doch so reich, dass alles nicht so schlimm kommen könne. Doch Hochmut kommt bekanntlich vor dem Fall. Das Beispiel Venezuela zeigt, dass selbst das reichste Land Lateinamerikas, das über die größten nachgewiesenen Ölreserven der Welt verfügt, mit sozialistischer Politik zugrunde gerichtet werden kann.

Wer sich überhaupt nicht vorstellen kann, seine Heimat zu verlassen, kann das folgende Kapitel getrost überspringen. Doch wer sich in der Welt nach Alternativen umschauen möchte, um ein Unternehmen zu gründen oder einen neuen Wohnsitz zu suchen, findet hier Inspirationen und praktische Tipps. Ich habe dabei mit Christoph Heuermann zusammengearbeitet, der Menschen dabei berät, wie und wo sie am besten ein Unternehmen gründen, ein Bankkonto eröffnen oder einen neuen Wohnsitz finden können. Christoph führt ein ungewöhnliches Leben. Er ist ständig unterwegs, denn er hat sich vorgenommen, mit Vollendung seines 30. Lebensjahrs alle 193 UN-Mitgliedsstaaten bereist zu haben. 150 hat er bereits abgehakt. Allein im Jahr 2019 hat er 69 Länder besucht und ist dabei, wenn man die Kilometer addiert, mehr als viereinhalb Mal um die Erde geflogen.[57]

Doch das tut er nicht nur zum Spaß. In jedem Land, das er besucht, erforscht er, ob die Lebensbedingungen dort günstig für Auswanderer und Gründer sind. Im Lauf der Zeit hat er sich ein weltweites Netzwerk aus lokalen Anwaltskanzleien und Steuerberatern aufgebaut, die ihn mit aktuellen Informationen versorgen und seine Empfehlungen in die Tat umsetzen. Sein wichtigstes Medium ist der Blog www.staatenlos.ch, den es auch

Christoph Heuermann auf Reisen

auf Englisch, Spanisch und Französisch gibt. Außerdem veröffentlicht er E-Books und Videos, die die Artikel des Blogs vertiefen. Sein eigenes abenteuerliches Leben vermarktet er geschickt über die sozialen Medien und einen persönlichen Reiseblog, um neue Kunden für seine Produkte und seinen Beratungsservice zu gewinnen. Auch das deutsche Fernsehen hat schon über ihn berichtet.[58]

Anscheinend hat Christoph Heuermann damit einen Nerv getroffen, denn sein Geschäft läuft ausgesprochen gut. So kann er sich seine zahlreichen Reisen leisten und zusätzlich in Immobilien, Kryptowährungen und landwirtschaftliche Nutzflächen investieren.

5.1 Gründe zum Auswandern

Als Deutscher ist mir die Situation in dem Land, in dem ich aufgewachsen bin, am besten vertraut, daher verwende ich im Folgenden Deutschland als Beispiel. In mehr oder weniger ausgeprägter Form sind die hier beschriebenen Probleme jedoch auch in anderen bisher wohlhabenden westlichen Ländern zu beobachten.

Das westdeutsche Wirtschaftswunder der 1950er-Jahre basierte im Wesentlichen auf der markt- und unternehmerfreundlichen Politik des langjährigen Wirtschaftsministers und späteren Bundeskanzlers Ludwig Erhard. Er war Mitglied der von Friedrich August von Hayek gegründeten *Mont Pèlerin Society*, an deren Tagungen zeitweise auch Ludwig von Mises teilnahm. Die Vordenker der Wiener Schule standen ihm also mit Sicherheit in wirtschaftspolitischen Dingen nahe. Während die von ihm propagierte „Soziale Marktwirtschaft" von vielen als eine Kombination aus Sozialstaat und Marktwirtschaft missverstanden wird, waren für Erhard „Freie" und „Soziale Marktwirtschaft" gleichbedeutend. Je freier eine Wirtschaftsordnung, desto sozialer ist sie seiner Ansicht nach. Er war daher ein strikter Gegner der Einmischung des Staates in die Wirtschaft, von wenigen ordnungspolitischen Maßnahmen wie dem Kartellrecht abgesehen: „Nichts ist in der Regel unsozialer als der sogenannte Wohlfahrtsstaat, der die menschliche Verantwortung und die individuelle Leistung absinken lässt."[59]

Doch im Lauf der Zeit entwickelte sich Deutschland immer weiter weg von den Idealen Erhards. Die „Sozialisten aller Parteien"[60] haben sich gegenüber den Anhängern einer freien Marktwirtschaft immer mehr durchgesetzt. Der libertäre Autor Roland Baader beschreibt den heutigen Zustand der Bundesrepublik so: „Ein sozioökonomisches Gebilde mit staatlichem Bildungswesen, staatlichem Gesundheitswesen und staatlichem Rentensystem, mit einem Staatsanteil am Sozialprodukt von über 50 Prozent, mit staatlich gelenkten Agrarmärkten, staatlich gefesselten Arbeitsmärkten, staatlichem Papiergeld und einer korporatistischen Funktionärsautokratie."[61]

In Deutschland zahlen von rund 82 Millionen Einwohnern heute nur 27 Millionen Menschen mehr Steuern, als sie dem System durch diverse Sozialleistungen entnehmen. Von diesen arbeiten wiederum zwölf Millionen für den Staat, werden also von den Steuergeldern der verbleibenden 15 Millionen finanziert.[62] Wie lebensfähig so ein System auf Dauer ist, kann man sich leicht ausmalen, zumal viele der heute noch produktiv Tätigen in den nächsten Jahren in Rente gehen werden. Auch die Einwanderung von über zwei Millionen Menschen aus Afrika und dem Nahen Osten seit 2015, die zum Großteil auf absehbare Zeit von Sozialleistungen abhängig bleiben werden, tut diesem System nicht gerade gut.

Die Steuerlast für das produktive Fünftel der Bevölkerung, das den Rest mit durchfüttern muss, wird immer höher. Heutzutage wird in Deutschland der Spitzensteuersatz bereits beim 1,9-Fachen des Durchschnittseinkommens fällig – 1965 mussten Spitzensteuerzahler noch 15-mal so viel verdienen.[63] Die Kosten und bürokratischen Hürden für Unternehmer werden immer komplizierter. So ist es kein Wunder, dass immer mehr Deutsche ans Auswandern denken. Seit Bundeskanzlerin Merkel die deutschen Grenzen für Wirtschaftsmigranten öffnete, ist die Zahl deutscher Auswanderer drastisch angestiegen. Betrug sie 2015 noch 138.237, schnellte sie 2016 auf mehr als das Doppelte hoch, nämlich auf 281.411. Auch in den Jahren 2017 und 2018 blieb die Zahl deutscher Auswanderer mit 249.181 und 261.851 ähnlich hoch. Zum Vergleich: Im Jahr 1991 verließen nur 98.915 Deutsche dauerhaft das Land.[64]

Christoph Heuermann kann diesen Trend bestätigen. Sein *Staatenlos*-Service kann sich seit einiger Zeit vor Anfragen kaum retten.

5.2 Die Flaggentheorie

Selbst in unserem global vernetzten, digitalen Zeitalter gehen viele Menschen immer noch davon aus, dass sie in dem Land, in dem sie geboren und aufgewachsen sind, ihr ganzes Leben verbringen werden. Wenn sie ein Unternehmen gründen, ein Bankkonto eröffnen oder Geld anlegen wollen, kommt ihnen gar nichts anderes in den Sinn, als es in diesem einen Land zu tun. Unter Anlegern ist es eine allgemein anerkannte Regel, „nicht alle Eier in einen Korb zu legen", also sein Risiko klug zu streuen. Doch wenn es um das eigene Leben geht, wird dieser Ratschlag seltsamerweise ignoriert. Die Menschen begeben sich unter die Kontrolle der jeweils in ihrem Land herrschenden Elite und gehen damit insbesondere in Krisenzeiten ein hohes Risiko ein. Selbst wenn man in einem relativ freien Land lebt, muss das keineswegs immer so bleiben. Es lohnt sich also, auch sein eigenes Leben zu diversifizieren und krisenfest zu machen.

„Flaggen in so vielen Ländern wie möglich zu pflanzen, maximiert deine Freiheit", empfiehlt Christoph Heuermann. „So wie du dein Vermögen auch nicht in eine einzige Aktie stecken würdest, so solltest du dich auch nicht auf ein Land allein verlassen."[65]

Die „Flaggentheorie", auf der Christophs Beratung basiert, wurde vom US-amerikanischen Investment-Guru Harry D. Schultz entwickelt, der zeitweise vom Guinnessbuch der Rekorde als weltweit bestbezahlter Vermögensberater aufgeführt wurde.[66] In seinem 1964 erschienenen Buch „How to Keep Your Money and Your Freedom"[67] bezeichnete er sie ursprünglich als „Drei-Flaggen-Theorie". Sie beruht auf diesen drei zentralen Grundsätzen:

1. Haben Sie Ihren Steuerwohnsitz dort, wo Auslandseinkommen nicht besteuert wird.
2. Haben Sie Ihre Unternehmungen und Vermögen in
stabilen Steuerparadiesen.
3. Leben Sie als Tourist in einem Land, wo Sie in Ruhe
gelassen werden und Ihre Leidenschaften ausleben können.

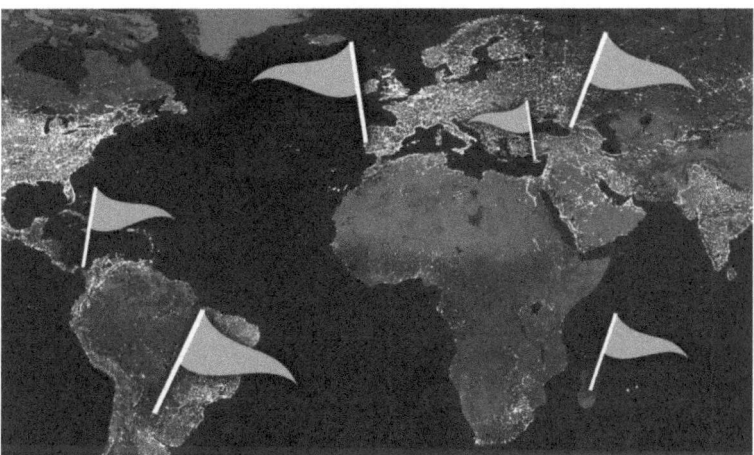

Setzen Sie Ihre Flaggen auf die richtigen Länder

Mit Flaggen sind hier nicht die Nationalflaggen gemeint, sondern solche, die man benutzt, um zum Beispiel Firmenstand-
orte oder bisherige Reiseziele auf einer Weltkarte zu markieren.
Man würde also eine Flagge auf das Land setzen, dessen
Staatsbürgerschaft man hat, eine Flagge auf das, in dem man
sein Unternehmen betreibt, und eine Flagge auf jenes, in dem
man tatsächlich wohnt. Wichtig ist, dass dies tatsächlich drei
verschiedene Länder sind. Natürlich kann man auch in mehreren Ländern Unternehmen haben und wohnen und seine
Flaggen auch noch für andere Zwecke auf dem Globus vertei-
len, etwa für die Vermögensverwaltung. Daher wurde die

Drei-Flaggen-Theorie mittlerweile einfach in Flaggentheorie umbenannt.

Nehmen wir Christoph Heuermann selbst als Beispiel: Er hat einen deutschen Pass (Flagge 1), mit dem er sehr viele Länder visafrei bereisen kann und benötigte Visa relativ problemlos erhält. Aus Deutschland hat er sich abgemeldet, er hält sich weniger als 183 Tage dort auf und ist damit in Deutschland nicht steuerpflichtig. Seinen offiziellen Wohnsitz inklusive dauerhafter Aufenthaltsberechtigung hat er in Panama (Flagge 2). Dort zahlt er nur Steuern auf in Panama verdientes Geld, hat jedoch einen legalen Steuersatz von null Prozent auf alle Einnahmen, die außerhalb Panamas generiert werden. Er muss sich dafür nicht dauerhaft in Panama aufhalten. Sein Unternehmen, über das die Beratungen und die Verkäufe von Büchern und Videos laufen, hat er in Florida registriert, wo der Firmensteuersatz für nicht in den USA wohnende Ausländer null Prozent beträgt (Flagge 3). Außerdem ist er an Unternehmen in Georgien und Österreich beteiligt (Flaggen 4 und 5).

Christophs extremer Lebensstil ist natürlich nicht jedermanns Sache, doch es ist keineswegs notwendig, es ihm gleichzutun. Oft reicht es völlig aus, ein wenig über den Tellerrand hinauszuschauen und sich mit dem Steuer- und Gesellschaftsrecht anderer Länder zu beschäftigen. Man stellt dann schnell fest, dass man weder ein Großkonzern noch ein Superreicher sein muss, um einer Steuerhölle wie Deutschland zu entkommen. Man muss nur seine „Flaggen" auf Länder setzen, in denen man besser behandelt wird. Bereits ein Modell aus nur zwei bis drei Aufenthaltsländern reicht zur Nutzung aller Vorteile aus.

5.3 Modelle staatlicher Besteuerung

Zunächst wollen wir uns damit beschäftigen, wie die Staaten dieser Welt mit dem Thema Besteuerung umgehen, insbesondere mit der Einkommensteuer. Hier gibt es die folgenden Modelle:

Keine Einkommensteuer

Es gibt 23 Staaten auf der Welt, die keine Einkommensteuer erheben. Dazu gehören reiche Ölstaaten wie Kuwait, Katar oder die Vereinigten Arabischen Emirate, die über so viel Geld durch ihre Öleinnahmen verfügen, dass sie keine Steuern benötigen. Eine andere Strategie haben Kleinstaaten wie die Kaimaninseln oder die Britischen Jungferninseln, die bewusst auf Einkommen- und Körperschaftsteuern verzichten, um Unternehmen der Finanzbranche anzulocken, zum Beispiel Hedgefonds. In beiden Fällen ist es jedoch schwer, eine Aufenthaltsgenehmigung zu bekommen, sodass sich diese Länder für Auswanderer eher nicht eignen. Bekannt ist auch die Steueroase Monaco an der Côte d'Azur, die keine Einkommensteuer erhebt, wovon französische Staatsbürger allerdings ausgenommen sind. Der Haken: Man muss mindestens eine halbe Million Euro auf dem Konto haben, um sich in Monaco ansiedeln zu dürfen. Auch die Immobilienpreise sind dort so hoch, dass Monaco als Wohnort wohl nur für Millionäre infrage kommt. Andere Staaten unter den 23 sind wiederum sehr unsicher und unattraktiv, wie etwa Somalia oder die Westsahara.

Residenzbesteuerung

Fast alle europäische Staaten und die meisten Staaten der Welt wenden das Residenzprinzip an. Das bedeutet: Wenn man in einem Staat lebt, muss man dort sein gesamtes, weltweites Einkommen versteuern. Dabei gilt mit wenigen Ausnahmen die 183-Tage-Regel: Wer weniger Zeit in dem Land verbringt, ist dort nicht steuerpflichtig. Darüber hinaus ist es wichtig, dass es auch sonst keine Anzeichen für einen „Lebensmittelpunkt" gibt. In Ländern mit Meldepflicht wie Deutschland oder Österreich ist es daher notwendig, sich beim Bürgeramt abzumelden. Mietverträge, Mitgliedschaft im Fitnessstudio und sonstige Verpflichtungen, die darauf hindeuten, dass Sie in diesem Land leben, sollten Sie kündigen. Besitzen Sie eine Eigentumswohnung, sollte sie langfristig vermietet sein. Dem Tennismillionär Boris Becker, der sich aus Deutschland ab- und in Monaco angemeldet hatte, wurde zum Verhängnis, dass er einen eigenen Schlüssel für eine Wohnung in München hatte. Das deutsche Finanzamt sah ihn daher als in Deutschland steuerpflichtig an und forderte einige Millionen Euro an Steuern von ihm nach.

Staatsbürgerprinzip

Es gibt nur zwei Staaten auf der Welt, die von ihren Bürgern in jedem Fall eine Steuererklärung verlangen, egal wo sie leben: Eritrea und die USA. Insbesondere die US-Steuerbehörde setzt dieses Prinzip gnadenlos in der ganzen Welt durch. Bürgern der USA nützen die meisten der Ratschläge von *Staatenlos* also nichts. Die einzige Möglichkeit für einen US-Bürger besteht darin, seinen Wohnsitz nach Puerto Rico zu verlegen, das zwar zu den USA gehört, aber kein eigener Bundesstaat ist und dadurch steuerlich anders behandelt wird. Ansonsten bleibt nur, die US-Staatsangehörigkeit abzugeben und eine neue zu erwerben. Allein dafür kassieren die USA über 2.000 Dollar Gebühr.

Territorialbesteuerung

Rund 40 Staaten der Welt wenden das Territorialprinzip an, besteuern also nur das Einkommen, das ihre Einwohner innerhalb des Landes erzielen, außerhalb erwirtschaftete Einnahmen jedoch nicht. Diese Länder sind für Auswanderer besonders interessant. Dazu gehören zum Beispiel Panama, die Philippinen, Paraguay, Georgien, Malaysia oder Guatemala. Es sind also vorwiegend Entwicklungsländer, bei denen man im Hinblick auf die Lebensqualität und die Kriminalität genau hinschauen sollte. Eines der wenigen hochentwickelten Länder mit Territorialprinzip ist Hongkong, dort sind die Hürden für eine dauerhafte Einwanderung jedoch sehr hoch. Zusätzlich gibt es eine Reihe von Staaten, die zwar bei der persönlichen Besteuerung das Residenzprinzip anwenden, bei der Unternehmensbesteuerung jedoch das Territorialprinzip. Dazu gehören etwa Singapur, Algerien, Tunesien und Marokko.

Neben der Einkommensteuer gibt es natürlich noch andere Steuerformen, etwa Verkaufssteuern, Umsatzsteuern, Grundsteuern und so weiter. In einigen steuerlich günstigen Staaten werden hohe Zölle auf Importgüter wie Autos oder Computer erhoben, was diese Dinge sehr teuer macht. Sie sollten also nicht nur auf die Einkommensteuer allein schauen, sondern auch auf alle anderen Steuern und die damit verbundenen Lebenshaltungskosten.

Mit der geschickten Kombination verschiedener „Flaggen" können Sie eine Menge erreichen. Wenn Sie die Staatsbürgerschaft eines Landes mit Residenzbesteuerung besitzen, haben Sie mit einem Umzug in ein Land mit Territorialbesteuerung schon viel gewonnen – insbesondere, wenn Ihr Geschäft weltweit ist und Ihr „neues Heimatland" als Markt keine große Rolle spielt.

5.4 Von Panama bis Prospera

In seinem Buch „Weil Dein Leben Dir gehört" beschreibt Christoph Heuermann detailliert die Bedingungen für Auswanderer und Gründer in 50 ausgewählten Ländern. Fünf davon habe ich als Beispiele ausgewählt, damit Sie eine Idee davon bekommen, was alles möglich ist. Ausführlichere Informationen bieten Christophs Buch sowie der kostenlose Blog *www.staatenlos.ch*.

Panama

Panama ist das südlichste Land Mittelamerikas, es grenzt im Westen an Costa Rica und im Osten an Kolumbien. Panama wurde 1903 auf Initiative der USA von Kolumbien abgetrennt, damit dort der Panamakanal gebaut werden konnte. Er verbindet Atlantik und Pazifik miteinander und erspart Schiffen den langen Weg um Südamerika herum. Panama war lange Zeit eine Art Kolonie der USA, die noch bis 1999 die volle Kontrolle über die Kanalzone hatten. Daher sprechen die rund vier Millionen *Panameños* in der Regel gutes Englisch. Durch die Einnahmen aus den Kanalgebühren und wegen seiner Rolle als Finanzzentrum ist Panama heute eines der reichsten Länder Lateinamerikas. Die offizielle Währung ist der Balboa, der im Verhältnis 1:1 an den US-Dollar gekoppelt ist. Es gibt Balboamünzen jedoch nur bis zum Wert von einem Dollar, Banknoten existieren nicht. De facto wird in Panama das Allermeiste direkt mit US-Dollar bezahlt. Panama gilt für lateinamerikanische Verhältnisse als relativ sicher. Die Lebenshaltungskosten sind allerdings höher als in den meisten anderen lateinamerikanischen Ländern. In Panama gilt das Prinzip der Territorialbesteuerung. Einnahmen, die außerhalb Panamas erzielt werden, sind also steuerfrei. Steuerpflichtig auf Einnahmen in Panama wird man, wenn man sich mindestens 183 Tage pro Jahr im Land aufhält. Für Personen gibt es dabei einen Steuerfreibetrag von 11.000 US-Dollar pro Jahr. Einnahmen bis 50.000 US-Dollar werden mit 15 Prozent besteuert, höhere mit 25 Prozent. Die Körperschaftsteuer für Unternehmen beträgt einheitlich 25 Prozent.

In Panama ist es relativ leicht möglich, eine dauerhafte Aufenthaltsgenehmigung und langfristig auch die Staatsbürgerschaft zu erlangen. Für Angehörige von 48 Staaten, darunter alle Mitgliedstaaten der EU, ist es möglich, eine Aufenthaltserlaubnis zu bekommen, wenn sie

1. in Panama ein Unternehmen gründen (das nicht aktiv sein muss),

2. einen Wohnsitz in Panama nachweisen können – dafür reicht die Adresse eines Hotels aus,

3. den Nachweis der finanziellen Unabhängigkeit erbringen, indem sie mindestens 5.000 US-Dollar auf einem Panama-Bankkonto hinterlegen.

Neben den hinterlegten 5.000 US-Dollar (die einem weiterhin gehören) ist für die gesamte Prozedur mit Kosten von circa 5.000 US-Dollar zu rechnen. Ein Mindestaufenthalt in Panama ist (im Unterschied zu vielen anderen Staaten) nicht notwendig. Es reicht, alle zwei Jahre das Land zu besuchen, um seine Aufenthaltsberechtigung zu behalten.

„Das macht Panama auch ideal als sicheren Hafen für alle, die ihr Heimatland noch nicht verlassen können oder wollen, aber auf der Suche nach einer Versicherung für die Zukunft sind.

Oder für diejenigen, die eher viel reisen wollen, aber auf die laufenden Kosten einer festen Wohnung verzichten wollen", sagt Christoph Heuermann, für den Panama der optimale Wohnsitz für Dauerreisende ist.[68]

Fünf Jahre nach Erhalt seiner Aufenthaltsberechtigung kann man die volle Staatsangehörigkeit beantragen. Die Chancen, sie zu bekommen, stehen besser, wenn man im Land investiert ist und sich dort regelmäßig aufgehalten hat.

Philippinen

Im Pazifischen Ozean, südöstlich von China, liegt die Republik der Philippinen. Sie besteht aus 7.641 Inseln, von denen 880 bewohnt sind. Die größte ist Luzon, auf der die Hauptstadt Manila liegt. Dort leben rund 23 Millionen der über 100 Millionen Filipinos. Vom 16. bis ins 20. Jahrhundert waren die Philippinen eine spanische Kolonie, daher ist der Katholizismus die dominierende Religion. Nach dem Spanisch-Amerikanischen Krieg von 1898 und der Niederschlagung der philippinischen Unabhängigkeitsbewegung wurden die Philippinen eine Kolonie der Vereinigten Staaten. Seit 1946 sind die Philippinen unabhängig, die USA behielten jedoch einige Jahrzehnte lang wirtschaftliche Sonderrechte. Auch heute noch betreiben sie mehrere militärische Stützpunkte und spielen eine wichtige Rolle in der philippinischen Politik. Englisch ist daher heute auf den Philippinen zweite Amtssprache und allgemeine Umgangssprache des Vielvölkerstaats, es ist weiter verbreitet als die erste Amtssprache Filipino.

Inländer unterliegen mit ihrem weltweiten Einkommen der Steuerpflicht, bei Ausländern ist jedoch nur der auf den Philippinen erwirtschaftete Teil steuerpflichtig. Der Steuersatz hierfür beträgt je nach Höhe des Einkommens 5 bis 32 Prozent. Die Philippinen bieten eine Reihe von Visaprogrammen an, die es einem relativ leicht machen, dorthin auszuwandern. Zum Beispiel kann man bei einer Investition von 75.000 US-Dollar ein SRIV genanntes Investorenvisum erhalten. Bei Investitionen in Tourismusprojekte reichen 50.000 US-Dollar. Bereits ab 35 Jahren kann man ein „Rentner"-Visum beantragen, für das man regelmäßige Einkünfte aus dem Ausland nachweisen oder eine Kaution hinterlegen muss, die zwischen 1.500 und 50.000 US-Dollar liegt.

Auf den Philippinen ist es außerdem möglich, das bei der Einreise für 30 Tage erhaltene Touristenvisum beim *Immigration Office* um weitere sechs Monate verlängern zu lassen. Diesen Prozess können Sie mehrfach wiederholen, ohne dass Sie das Land verlassen müssen. Erst nach drei Jahren empfiehlt sich eine Aus- und erneute Einreise.

Für Christoph Heuermann sind die Philippinen das beste Ziel in Asien: „Als Auswanderer mit dann auch noch steuerfreiem Auslandseinkommen kann man hier prima leben, selbst wenn man relativ wenig verdient. Gerade für Auswanderwillige über 35, die noch nebenbei ein Online-Unternehmen gründen wollen, bieten sich die Philippinen daher sehr an. Mit bereits nur 500 Euro im Monat kann man hier ein angenehmes Leben führen."[69]

Paraguay

Paraguay liegt in Südamerika zwischen Bolivien, Brasilien und Argentinien. Es ist ein reines Binnenland ohne Zugang zum Meer. Paraguay wurde 1811 von Spanien unabhängig, musste jedoch nach dem verlorenen *Tripel-Allianz-Krieg* gegen Brasilien, Argentinien und Uruguay von 1864 bis 1870 rund 50 Prozent seines Staatsgebiets an die Siegermächte abtreten. Paraguay betreibt gemeinsam mit Brasilien das Wasserkraftwerk Itaipú und gemeinsam mit Argentinien das Wasserkraftwerk Yacyretá. Diese gigantischen Kraftwerke liefern deutlich mehr Strom als die rund sieben Millionen *Paraguayos* verbrauchen können, sodass ein Großteil direkt wieder in die Nachbarländer exportiert wird und damit ein wichtiger Devisenbringer ist. Durch den günstigen Strom ist Paraguay ein beliebter Standort für das Bitcoin-Mining. Die Grenzstadt Ciudad del Este im Dreiländereck mit Brasilien und Argentinien ist eine Hochburg des Schmuggels. Seit Jahrzehnten versorgt Paraguay die Nachbarländer mit günstigen Elektronikartikeln, Haushaltswaren und Textilien aus Fernost. Paraguay ist außerdem der größte Marihuanaproduzent Südamerikas.

Für Privatpersonen gilt das Prinzip der Territorialbesteuerung, außerhalb des Landes erzeugte Einnahmen sind also steuerfrei. Paraguay klingt ansonsten nicht gerade nach einem Paradies für Auswanderer, bietet aber etwas, das es als einen attraktiven Standort für eine Ihrer „Flaggen" qualifiziert. Sie können dort relativ einfach eine offizielle Aufenthaltsgenehmigung von zehn Jahren erhalten. Dafür müssen Sie nur eine Einlage von circa

4.200 US-Dollar bei der Nationalbank machen, die Sie nach sechs Monaten wieder frei verwenden können. Außerdem ist ein polizeiliches Führungszeugnis einzureichen. Ein Aufenthalt im Land ist dafür nicht vorgeschrieben.

Der große Vorteil Paraguays: Es ist Vollmitglied des *Mercosur*. Dieser südamerikanische Staatenbund hat ähnliche Vorteile wie die EU, zum Beispiel die Reise- und Niederlassungsfreiheit für alle Bürger, ohne die Nachteile der EU nachzuahmen, etwa eine überbordende Zentralbürokratie. Als Besitzer einer paraguayischen Identitätskarte können Sie frei in alle Mitgliedstaaten des Mercosur reisen, also in die Vollmitglieder Argentinien, Brasilien und Uruguay sowie in die assoziierten Staaten Bolivien, Chile, Kolumbien, Ecuador und Peru (Venezuela wurde 2016 ausgeschlossen).

Christoph Heuermann empfiehlt daher vielen seiner Kunden, eine Aufenthaltsberechtigung und Identitätskarte in Paraguay zu erwerben: „Man kann ohne Probleme seine bisherige Staatsbürgerschaft aufrechterhalten, hat mit dem Paraguay-Ausweis aber eine erweiterte Bewegungsfreiheit. Gerade wenn ein Pass aus welchen Gründen auch immer widerrufen werden würde, könnte man allein mit dem Ausweis nach Südamerika einreisen. Es ist also eine sehr gute Krisenvorsorge."[70]

Georgien

Wenn Sie aus Europa stammen und Ihren neuen Wohnsitz ungern zwölf Flugstunden davon entfernt nehmen wollen, bietet sich Georgien als Wohnsitz an. Es liegt nur drei bis vier Flugstunden von Mitteleuropa entfernt und wird auch von Billigfliegern angesteuert. Die zwischen Schwarzem Meer und Kaukasus liegende ehemalige Sowjetrepublik hat sich zu einem Paradies für Unternehmer entwickelt. Georgien ist seit 1991 ein unabhängiger Staat, wobei sich die Provinzen Abchasien und Südossetien mithilfe von Russland für unabhängig erklärt haben. Die 3,7 Millionen Georgier sind überwiegend christlich-orthodox. Georgien ist berühmt für seine guten Weine und seine hervorragende Küche, und das zu relativ niedrigen Lebenshaltungskosten.

Georgien ist das einzige europäische Land mit Territorialbesteuerung. Einkommen innerhalb Georgiens werden mit 20 Prozent besteuert, Einkommen außerhalb Georgiens sind steuerfrei. Bei Unternehmen wendet Georgien zudem das gleiche clevere System wie Estland an: Eine Steuer von 15 Prozent wird nur auf Dividendenzahlungen an die Gesellschafter fällig. Gewinne, die in das Unternehmen reinvestiert werden, bleiben steuerfrei, auch wenn sie im Land erzielt werden.

Bereits als Tourist erhält man nicht die üblichen 30 oder 90 Tage Aufenthalt gewährt, sondern kann ein ganzes Jahr ohne weitere Formalitäten in Georgien verbringen und sogar dort arbeiten. Eine temporäre Aufenthaltsgenehmigung, die Sie fünf Jahre lang alle sechs Monate verlängern können, erhalten Sie, wenn Sie in Georgien ein Unternehmen gründen, das einen Jahresumsatz von mindestens 17.000 Euro macht. Alternativ können Sie 300.000 Euro in Georgien investieren. Bei Erwerb einer Immobilie reicht ein Wert von 100.000 Euro. Die georgische Staatsbürgerschaft können Sie nach fünf Jahren beantragen.

Georgien bietet gute Konditionen für die Eröffnung eines privaten Bankkontos. Als Ausländer benötigen Sie dafür lediglich einen Reisepass, Sie müssen allerdings persönlich vor Ort sein. Georgien ist zwar kein vollwertiges Mitglied des SEPA-Raums,

Überweisungen per IBAN sind dennoch in alle teilnehmenden Länder problemlos und relativ preisgünstig möglich. Wichtige Banken wie die TBC Bank oder die Bank of Georgia bieten Onlinebanking auch auf Englisch sowie eine international gültige Visa-Kreditkarte an. Sie können Ihr Konto nicht nur in der Landeswährung Lari (ein Euro = 2,63 Lari), sondern auch in Euro oder Dollar führen. Es gibt sogar noch Zinsen auf Bankguthaben. Ein weiterer Vorteil Georgiens: Es gibt keine Sozialversicherungspflicht. Wenn Sie sich ein Gehalt auszahlen oder Angestellte haben, wird im Unterschied zu fast allen anderen Ländern Europas kein hoher Prozentsatz an Sozialabgaben aufgeschlagen.

Trotz der etwas unstabilen politischen Lage mit Nachbarn wie Russland, Aserbaidschan und der Türkei, empfiehlt Christoph Heuermann Georgien wärmstens: „Ob Skifahren im Kaukasus oder Baden im Schwarzen Meer – die Georgier bestechen durch Gastfreundlichkeit und Offenheit. Ein Besuch in diesem aufstrebenden Kaukasus-Land sei daher jedem *Perpetual Traveler* ans Herz gelegt."[71]

Prospera

Ein interessanter Sonderfall ist die noch im Bau befindliche Stadt *Prospera* auf der zu Honduras gehörenden Karibikinsel Roatán. Sie ist kein eigenständiger Staat, sondern eine *Zona de Empleo y Desarrollo Económico (ZEDE),* also: „Zone für Arbeitsplatzbeschaffung und wirtschaftliche Entwicklung". Dies ist eine Sonderzone, die offiziell weiterhin zu Honduras gehört, aber im Rahmen der Verfassung von Honduras ein eigenes Rechtssystem und eine eigene Verwaltung besitzt. Sie wird von einer privaten Firma betrieben, die Verträge mit potenziellen Einwanderern abschließt. Daneben gibt es eine vom Staat Honduras überwachte „Regierung" der ZEDE.

Prospera ist also keine reine Privatstadt, sondern eine Art *Public-private-Partnership* mit dem Staat Honduras, kommt der Idealvorstellung von Titus Gebel jedoch sehr nahe, der das Konzept der *Freien Privatstadt* so formuliert:[72] „Stellen Sie sich vor, ein privates Unternehmen bietet Ihnen als ‚Staatsdienstleister' Schutz von Leben, Freiheit und Eigentum in einem abgegrenzten Gebiet. Diese Leistung umfasst Sicherheits- und Rettungskräfte, einen Rechts- und Ordnungsrahmen sowie eine unabhängige Streitschlichtung. Sie zahlen einen vertraglich fixierten Betrag für diese Leistungen pro Jahr. Der Staatsdienstleister als Betreiber des Gemeinwesens kann den Vertrag später nicht einseitig ändern. Sie haben einen Rechtsanspruch darauf, dass er eingehalten wird, und einen Schadensersatzanspruch bei Schlechterfüllung." Titus Gebel, Autor des Buches „Freie Privatstädte", ist Investor und Vorstandsmitglied der Firma, die Prospera entwickelt, und kümmert sich außerdem um ähnliche Projekte, die in Afrika und dem Kaukasus entstehen werden.

Für eine feste Gebühr liefert die Betreiberfirma Dinge, die man von einem funktionierenden Staat erwartet (von Honduras jedoch nicht unbedingt): eine nicht korrupte Polizei, effiziente Gerichte, ein Mindestmaß an Infrastruktur. Man wird von der Betreiberfirma nicht als „Untertan", sondern als Kunde behandelt. Wenn zum Beispiel die garantierte Sicherheit nicht gewährleistet ist und Sie ausgeraubt werden, können Sie die Betreiberfirma auf Schadensersatz verklagen – natürlich nicht bei einem der von ihr betriebenen Gerichte (die sind für Dispute unter den Einwohnern da), sondern auf einer höheren, neutralen Ebene. Dafür werden, wie auch im internationalen Handelsrecht üblich, private Schiedsgerichte genutzt.

Christoph Heuermann ist finanziell an der Betreibergesellschaft beteiligt und plant, dort in Immobilien zu investieren. „Auf Roatán werden vor allem Pioniere gebraucht, die sich mit der

Auf der Karibikinsel Roatán entsteht die libertäre Sonderzone Prospera

Idee der Freien Privatstadt identifizieren und sie mit aufbauen wollen", sagt er. „Prospera ist eine ideale neue Chance für handwerklich und technisch begabte Menschen, für die Steuer- und Regulierungsfreiheit sonst eher schwer zu erlangen sind. Ob Bäcker oder Koch, Zimmermann oder Architekt – sie alle werden in Prospera gebraucht und können ihre Ideen verwirklichen."[73]

Noch ist die Einwanderung nach Prospera nicht möglich, doch voraussichtlich ab Ende 2020 kann man sich dort als Pionier bewerben.

5.5 Aber wer baut dann die Straßen?

Ist es moralisch verwerflich, wie Christoph Heuermann mit allen legalen Mitteln zu vermeiden, Steuern zu zahlen? Ich denke, das Gegenteil ist der Fall. Wer einem anderen Menschen unter Androhung von Gewalt dessen Eigentum wegnimmt, begeht Raub. Wer dies heimlich tut, begeht Diebstahl. Nach dem Prinzip der Gleichbehandlung sollten diese Verbrechen also allgemein geächtet werden. Doch während normale Bürger für Raub oder Diebstahl zu Recht bestraft werden, geht der Staatsapparat, wenn er exakt das Gleiche tut, straffrei aus.

Raub wird vom Staat als „direkte Steuer" bezeichnet, etwa in Form von Einkommensteuer oder Solidaritätsbeitrag. Wer sich weigert, sein Eigentum abzugeben, wird mit Gefängnis bedroht, und, wenn ihn dies nicht beeindruckt, mit physischer Gewalt bis hin zum Tod. Für Diebstahl benutzt der Staat Begriffe wie „Mehrwertsteuer", „Tabaksteuer" oder „Schaumweinsteuer". Die meisten Konsumenten merken gar nicht, dass ihnen beim Kauf eines Produkts heimlich Geld aus der Tasche gezogen wird, das nicht wie beabsichtigt dem Anbieter des Produkts zugutekommt, sondern dem Staatsapparat.

Der Staat als Räuber

„Nimm das Recht weg – was ist dann ein Staat noch anderes als eine große Räuberbande?", wird der heilige Augustinus zitiert. Papst Benedikt XVI. tat dies genüsslich in seiner Rede vor dem deutschen Bundestag[74] – eine absolute Sternstunde der Politik. Das Recht wird im Fall der „Steuern" genannten Eigentumsdelikte eindeutig und ständig gebrochen. Der Staat verhält sich hier in der Tat wie eine Räuber- und Diebesbande. Jeder Bürger hat nicht nur das Recht, sondern geradezu die Pflicht, sich gegen solche kriminellen Handlungen zur Wehr zu setzen.

Natürlich müssen bestimmte gemeinschaftliche Aufgaben auf irgendeine Weise finanziert werden. Zunächst müssen wir uns dabei die Frage stellen: Ist der Staat als Monopolist ohne Wettbewerber hierzu wirklich in der Lage? Die allermeisten heute vom Staat angebotenen Dienstleistungen könnten in einem freien Wettbewerb durch private Anbieter deutlich effizienter und preisgünstiger angeboten werden. Die immer wieder gern zitierten Straßen werden nicht vom Staat gebaut, sondern von darauf spezialisierten Unternehmen, die lediglich aus Steuergeldern finanziert werden. Sie könnten jedoch genauso gut über ein System von Straßennutzungsgebühren finanziert werden, für das nur die tatsächlichen Nutzer der Straßen bezahlen. Aber was ist mit Bildung und sozialer Sicherheit, die definitiv wichtige Themen sind? Die Erfahrung zeigt, dass private Bildungs- und Wohltätigkeitseinrichtungen viel besser funktionieren als ein Monopolist, weil sie sich im Wettbewerb behaupten müssen. Im Staatsapparat hingegen entscheiden nicht die besten Experten, sondern diejenigen mit den dicksten Egos, den jeweils richtigen Parteibüchern und den stärksten Seilschaften. Dies führt in der Regel zu schlechteren Ergebnissen. Wir sollten wichtige Dinge wie die soziale Sicherung und die Gesundheitsversorgung nicht solchen Menschen überlassen.

Gebühren statt Steuern

Selbst wenn man sich darauf einigt, dass einige Dienstleistungen, etwa Polizei, Feuerwehr oder Gerichte, bei einem zentralen Anbieter besser aufgehoben sind, haben sich Steuern als die denkbar schlechteste Methode für ihre Finanzierung erwiesen. Steuern sind nämlich per Definition nicht zweckgebunden, im Unterschied etwa zu Gebühren. Eine kleine Gruppe von Menschen erhält die Macht, über das Eigentum anderer und über dessen Verfügung zu entscheiden. Sie übernehmen jedoch keinerlei Verantwortung für die korrekte Verwendung dieser Mittel und müssen auch in keiner Form für etwaige Schäden haften. Es liegt in der Natur der Sache, dass ein solches Privileg dazu führt, mit den Mitteln verschwenderisch umzugehen. Es ist ja das Geld anderer Leute, und wenn etwas schiefgeht, haftet man nicht dafür.

In der heutigen Demokratie versucht jede politische Gruppierung, ihrer Klientel mehr Leistungen zuzuschanzen, um ihre Wiederwahl zu sichern – etwa höhere Renten, höheres Kindergeld oder strengere Öko-Gesetze. Diejenigen, die das Ganze bezahlen müssen, sind heute jedoch in der Minderheit, wie wir in Abschnitt 5.1 gesehen haben, und werden regelmäßig von den Nutznießern des Systems überstimmt. Ein solches System, das produktive Arbeit bestraft, Nichtstun und verantwortungsloses Handeln jedoch belohnt, wird auf Dauer nicht überleben können.

Ganz anders sieht es mit Gebühren für konkrete Dienstleistungen aus, so wie es im Fall von Prospera praktiziert wird. Hier bekommen Sie für Ihre monatliche Zahlung eine genaue Auflistung der Gegenleistungen, die Sie dafür erwarten können. Der Dienstleister kann die Gebühr nicht einfach willkürlich ändern oder eine schlechtere Leistung anbieten. Ansonsten würden Sie ihn auf Schadensersatz verklagen, Ihre Zahlung zurückfordern und gegebenenfalls den Vertrag kündigen. Mit einem Staat gibt es jedoch keinen Vertrag, nur jenen sagenumwobenen *Contrat Social*, den noch nie ein Mensch gesehen oder gar unterschrieben hat.

Insofern sollte jeder vernünftige Mensch danach streben, Steuern durch ein besseres System der Gemeinschaftsfinanzierung zu ersetzen. Dabei sollten alle Zahlungsströme transparent sein und jeder Bürger selbst darüber entscheiden können, wofür sein Geld eingesetzt wird. In Kapitel 8 beschreibe ich ein solches Modell. Wer das bisherige ungerechte und ineffiziente System unterstützt, hindert ein besseres daran, sich durchzusetzen. Christoph Heuermann und sein Staatenlos-Dienst erfüllen also eine wichtige gesellschaftliche Aufgabe.

Weblinks und Buchtipps

Staatenlos: *www.staatenlos.ch*

Christoph Heuermann: *Weil dein Leben dir gehört –
Auswandern in 50 (steuer)freiere Nationen,*
Wei Wu Wei, Dubai, 2018.

Christoph Heuermann: *Weil dein Geld dir gehört –
Mit Offshore-Banking sicher durch die Krise,*
Wei Wu Wei, Dubai, 2018.

Christoph Heuermann: *Weil Deine Idee Dir gehört!
Stressfrei gründen in 60 Staaten – das Firmen-Lexikon,*
Wei Wu Wei, Dubai, 2019.

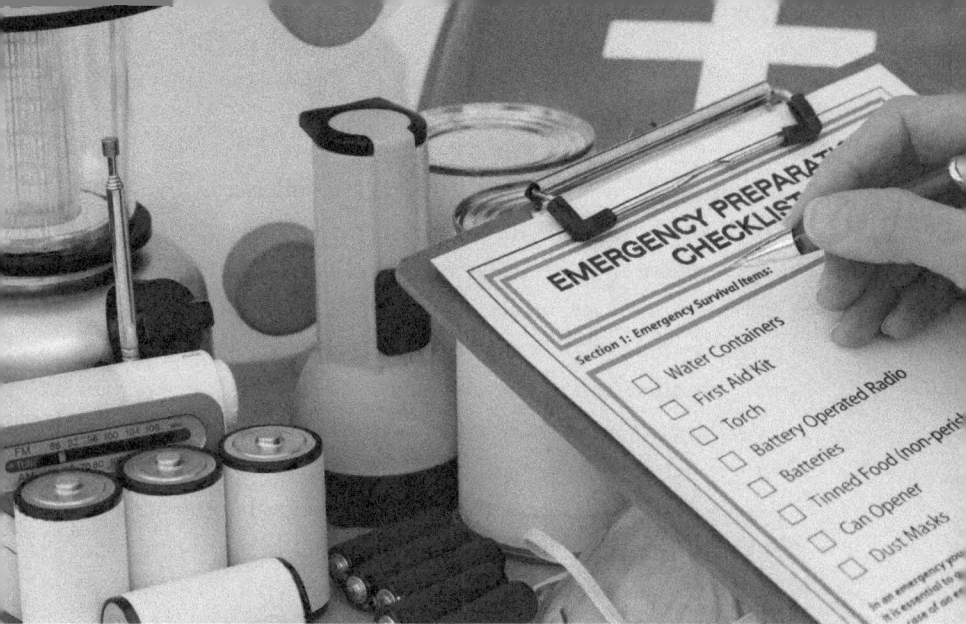

6

Die Krise meistern

Wir können uns nur schwer vorstellen, wie unser tägliches Leben aussehen wird, wenn tatsächlich eine schwere Finanz- und Wirtschaftskrise ausbricht. Die Coronakrise 2020 hat uns einen Vorgeschmack gegeben. Kommt es dann zu Versorgungsengpässen und Stromausfällen? Gibt es bürgerkriegsähnliche Verhältnisse mit Plünderungen und ausufernder Kriminalität? Oder rücken die Menschen in der Not näher zusammen und helfen sich wieder mehr gegenseitig?

Für dieses Kapitel habe ich mit Bettina Falck zusammengearbeitet, die sich seit Längerem mit diversen Krisenszenarien beschäftigt. Sie ist Gründerin und Geschäftsführerin einer strategischen Sicherheitsfirma, die Unternehmen und Privatpersonen dabei berät, ihr Risiko zu minimieren – und hier sind nicht Verluste an der Börse gemeint, sondern wirkliche Risiken für Leben und Gesundheit. Diese Firma sammelt weltweit sicherheits- und risikorelevante Daten und bereitet sie so auf, dass man besonders riskante Situationen von vornherein vermeiden und umgehen kann. Hauptkunden sind Unternehmen, deren Mitarbeiter viel in Krisengebieten der Welt unterwegs sind. Außerdem ist ihr Service für Banken und Versicherungen sowie für Unternehmen in der Logistik- und Transportbranche nützlich. Versicherungen nutzen diese Daten beispielsweise für Risikoberechnungen und Trendanalysen. „Wir erstellen Lagebilder von Risiken in visuell leicht erfassbarer Form, zum Beispiel in Form ereignis- und themenorientierter Karten", erklärt Bettina Falck. „Neuerdings können wir auch Daten aus sozialen Medien analysieren und sind daher in der Lage, Krisensituationen früher zu erkennen und zu veröffentlichen als etwa die klassischen Nachrichtenagenturen und Medien."[75]

Bettina Falck hat ein umfangreiches Buch geschrieben, das sie „Anleitungen zur Selbstbehauptung in der Matrix" nennt. „Damit meine ich natürlich nicht, dass wir in einer großen Computersimulation leben", sagt sie schmunzelnd. „Aber wie im gleichnamigen Film geht es darum, zu erkennen, dass die Realität anders ist, als es uns die Herrschenden glauben machen wollen. Die Matrix nenne ich den bürokratisch-technokratischen Machtapparat, der vor allem an seinem Selbsterhalt interessiert ist. Uns werden Freiheit und Demokratie vorgegaukelt, doch in Wirklichkeit geht es darum, dass wir uns als Individuen der Herrschaft dieses Machtapparats unterordnen."[76]

Leider ist dieses Buch nie erschienen, und derzeit ist Bettina so sehr mit dem Aufbau ihres Unternehmens beschäftigt, dass sie sich nicht darum kümmern kann. Sie gibt darin zahlreiche Tipps, wie man aus der „Matrix" aussteigen und sein Leben frei und selbstbestimmt gestalten kann. Mir liegt das 300-seitige Manuskript vor, sie hat mir freundlicherweise gestattet, es zu verwenden. Vielleicht kommt sie ja eines Tages doch noch dazu, es zu veröffentlichen, es würde sicher vielen Menschen großen Nutzen bringen.

Bettina Falck

6.1 Schützen Sie Ihre Privatsphäre!

Immer wichtiger als präventive Maßnahme gegen zukünftigen Missbrauch ist der Schutz unserer Privatsphäre in den digitalen Medien. Wir sind heute ständig online, durch die GPS-Funktion unseres Mobiltelefons sind wir jederzeit ortbar, freiwillig oder unfreiwillig geben wir zahlreiche Informationen über uns preis, die gegen uns verwendet werden können. Viele denken sich: „Ich habe ja nichts zu verbergen, was soll schon passieren?" Doch das ist eine sehr naive Einstellung. Kriminelle und staatliche Behörden können schon jetzt durch unsere Tweets, Facebook- oder Instagram-Posts viele Dinge über uns erfahren, die sie zu unseren Ungunsten nutzen können, was uns oft gar nicht bewusst ist. Und wer weiß, ob nicht die sympathische demokratische Regierung von heute durch eine repressive diktatorische abgelöst wird oder sich zu einer solchen entwickelt?

Stellen Sie sich zum Beispiel vor, eines Tages wird der Privatbesitz von Gold verboten, so wie es im Jahr 1933 in den USA geschah. Wenn Sie vorher viel auf Gold-Websites unterwegs waren und sich bei Facebook über die Manipulation des Goldpreises aufgeregt haben, werden Sie dem Konfiszierungskommando, das vor Ihrer Tür steht, wohl schwer glaubhaft machen können, dass bei Ihnen nichts zu holen ist.

Oder: Sie haben vor einigen Jahren zu einem günstigen Kurs Bitcoin gekauft und prahlen in diversen Onlineforen und Facebook-Gruppen mit Ihrem Schnäppchen. Dabei gehen Sie davon aus, dass Kursgewinne aus Bitcoin-Geschäften nach einem Jahr steuerfrei bleiben, was etwa der derzeitigen Gesetzeslage in Deutschland entspricht. Doch plötzlich wird das Gesetz geändert, und zwar rückwirkend. Wenn Sie dann in Ihrer nächsten Steuererklärung die Bitcoin nicht angeben, bekommen Sie vermutlich ein Problem.

Auch Kriminelle nutzen soziale Medien. Wer ständig Bilder davon postet, welche tollen Autos er fährt, wie schick er wohnt und wie süß seine Kinder sind, sollte sich nicht wundern, wenn das süße Kind eines Tages zum Entführungsopfer wird. Entführungen sind leider in vielen Ländern der Welt sehr verbreitet, insbesondere von Kindern. Sie sind uns das Allerwertvollste, und es ist schwer, sie rund um die Uhr zu schützen. Es ist also abzusehen, dass diese überaus verachtenswerte Verbrechensart auch in Europa vermehrt auftreten wird.

Halten Sie diese drei Szenarien für übertrieben pessimistisch? Ich denke, es kann noch sehr viel negativere geben. Klar ist: In jedem dieser Fälle wäre Ihnen eine Menge Ärger erspart geblieben, wenn Sie sich in den sozialen Medien diskreter verhalten hätten. Rundumüberwachung war für die Staatssicherheitsbehörde der DDR noch ein Riesenaufwand. Dafür mussten Wohnungen verwanzt und Hunderttausende von offiziellen und inoffiziellen Mitarbeitern bezahlt werden. Heutzutage lässt sich ein Großteil der Überwachung automatisieren und über das Internet betreiben, sodass eine Vollüberwachung bereits für rund einen US-Dollar am Tag zu haben ist.[77] Viele Menschen machen es den Überwachern zudem unnötig leicht. Sie posten privateste Dinge unter ihrem Klarnamen, und das womöglich noch in Verbindung mit ihrer Telefonnummer.

Inkognito, ergo sum[78]

Bettina Falck rät daher, im Internet und insbesondere in den sozialen Medien wie Facebook, Twitter, Instagram et cetera möglichst inkognito zu bleiben. Am besten, Sie nutzen die sozialen Medien überhaupt nicht. Wenn es für Sie beruflich wichtig ist, sollten Sie die Kommunikation dort wirklich auf das Berufliche fokussieren. Wenn Sie es privat nicht ohne soziale Medien aushalten, legen Sie sich am besten einen Aliasnamen zu, der nicht gleich als solcher zu erkennen ist. Also statt *Crypto_Monster* lieber *Renate_Mueller*. Und natürlich posten Sie keine Bilder Ihrer Kinder und stellen Ihren Reichtum nicht zur Schau.

„Es geht darum, ein *Low Profile* zu pflegen, also aus der Masse nicht besonders hervorzustechen", erläutert Bettina Falck. „Das bedeutet nicht, völlig unterzutauchen, aber man sollte möglichst wenig Angriffsfläche bieten. Man kann sich dabei ein Beispiel an einigen der reichsten Menschen Deutschlands nehmen, deren Unternehmen fast jeder kennt. Doch über ihre Gründer weiß man so gut wie gar nichts."[79]

Von Messengerdiensten der Firmen Apple und Facebook (zur letzteren gehört auch das populäre *WhatsApp*) ist allgemein abzuraten, denn es ist bekannt, dass diese Unternehmen mit den US-Geheimdiensten zusammenarbeiten. Besser, weil vollverschlüsselt, sind *Telegram*, *Threema* oder *Signal*. Sie können damit Nachrichten verschicken, ohne dass Uncle Sam mitliest.

In der Regel wollen Geheim- und Nachrichtendienste jedoch gar nicht unsere Gespräche und Texte mitlesen, außer bei konkreten Verdachtsfällen einer schweren Straftat. Was sie viel mehr interessiert, sind die Metadaten, die sie vollautomatisiert erhalten. Diese Metadaten liefern für die Überwachung und Steuerung der Menschen viel wertvollere Informationen. Beispiel: Die Alltagsmobilität der meisten Menschen ist von einer geradezu zwanghaften Regelmäßigkeit. Viele verbringen die meiste Zeit an nur wenigen Orten und bewegen sich in aller Regel in einem Radius zwischen einem und maximal zehn Kilometern um ihren Lebensmittelpunkt. Diese Verhaltensmuster eines jeden Menschen sind so individuell wie Fingerabdrücke.

Dies zeigte die Analyse der Bewegungsprofile Zehntausender von Handynutzern durch Wissenschaftler aus Boston unter Leitung des ungarischen Physikers Albert-László Barabási.[80] Demnach lässt sich selbst bei Menschen, die viel und weit unterwegs sind, mit einer Wahrscheinlichkeit von rund 80 Prozent abschätzen, wann sie wo sein werden. Bei eher wenig reisenden Zeitgenossen lässt sich das Bewegungsverhalten der nächsten Tage sogar mit einer Wahrscheinlichkeit von bis zu 93 Prozent vorhersagen.

Das Erkennen und Voraussagen individueller Verhaltensmuster ist die Grundlage eines jeden Verbrechens, sei es durch gewöhnliche Kriminelle oder durch die Staatsgewalt. Der einzige Schutz dagegen ist es, entweder falsche Spuren oder keine erkennbaren Muster zu hinterlassen. Diese entstehen allein schon dadurch, dass durch Mobiltelefone und durch elektronischen

Zahlungsverkehr (zum Beispiel per Kreditkarte) Verbindungs-
und Metadaten auslesbar werden, die sich mathematisch be-
schreiben und hochrechnen lassen. Sie sollten daher entweder
auf diese technischen Hilfsmittel vollständig verzichten oder
aber keine auf Ihren Namen registrierte SIM-Karten oder Kre-
ditkarten verwenden. Bessere Alternativen sind unregistrierte
Prepaid-SIM-Karten und Prepaid-Kredit- bzw. Guthabenkarten.
Ein weiteres wichtiges Thema, wenn es um den Schutz Ihrer
Privatsphäre geht, ist Verschlüsselung. E-Mails sollten Sie grundsätzlich nur in verschlüsselter Form verschicken und empfangen.
Dies war in der Vergangenheit recht umständlich, aber jetzt gibt
es kommerzielle Anbieter wie Protonmail, Posteo oder Tutano-
ta, die relativ einfach zu bedienen sind. Wichtig ist, dass Sie nicht
nur E-Mails mit „heiklen" Inhalten verschlüsseln, sondern
ausnahmslos alle, denn sonst würde die Aufmerksamkeit auf die
wenigen verschlüsselten gelenkt werden.

Zum Surfen im Netz empfiehlt Bettina Falck ein sogenanntes
Virtuelles Privates Netzwerk, kurz VPN, sowie den Dienst *TOR
(The Onion Router).* Beide verwischen die Spuren, die Sie sonst
beim Besuchen von Websites hinterlassen würden. Ausschließlich über TOR können Sie die im öffentlichen WWW nicht
auffindbaren Websites des sogenannten *Dark Web* ansteuern.
Dort können Sie Dinge erwerben, die woanders nur schwer
erhältlich sind. Als Währung des Dark Web hat sich *Monero*
herauskristallisiert, da dieser Cryptocoin deutlich anonymer
funktioniert als zum Beispiel Bitcoin. Monero können Sie an
einer Kryptobörse wie *Shapeshift* oder *Changelly* mit Bitcoin oder
anderen Kryptowährungen erwerben, oder Sie kaufen sie für
US-Dollar oder Euro an Börsen wie *Huobi, Binance* oder *Bitfinex.*
Kryptowährungen und klassisches Bargeld sind Kredit- und
Debitkarten als Zahlungsmittel vorzuziehen, denn sie hinterlassen deutlich weniger Spuren.

Inkognito in der realen Welt

Auch in der realen Welt sollten Sie jede unnötige Preisgabe privater Daten vermeiden. Ihr Name, Ihre Adresse und Ihre Telefonnummer gehören zum Beispiel nicht in ein öffentlich einsehbares Telefonverzeichnis. Auch auf die etwa in Deutschland übliche Sitte, Ihren Namen auf Klingelschilder und an die Haustür zu schreiben, sollten Sie verzichten. Bei Einzelhäusern genügt die Hausnummer, damit Post und Besucher Sie erreichen. Bei Wohnungen in Mehrfamilienhäusern reicht die Angabe einer Wohnungsnummer, so wie es in vielen Ländern der Welt üblich ist. Und was von bunten Schildern zu halten ist, auf denen in Kinderschrift steht „Hier wohnen Jürgen, Sabine, Max und Marie Neumann", brauche ich angesichts meiner Ausführungen über Kindesentführungen wohl nicht näher zu erläutern.

Bitcoin-Guru Andreas Antonopoulos geht sogar so weit, einen falschen Namen anzugeben, wenn er bei Starbucks danach gefragt wird.[81] Den eigenen Vornamen für ein paar Minuten handschriftlich auf einem Kaffeebecher zu sehen, halte ich zwar für nicht besonders gefährlich, aber Andreas geht es ums Prinzip. Er ist ein radikaler Verfechter der Privatsphäre, und das ist richtig so, denn ohne Privatsphäre gibt es keine Freiheit.

6.2 Planen Sie für den Ernstfall!

Wenn tatsächlich in größerem Maßstab Banken pleitegehen, dürfte das erhebliche Auswirkungen auf die Wirtschaft haben. Selbst wirtschaftlich gesunde Unternehmen bekämen dann keine Kredite mehr. Supermärkte könnten ihre Lieferanten nicht mehr bezahlen, die hochkomplexen Lieferketten, die das Leben in Städten erst möglich machen, würden unterbrochen. Ein ebenfalls sehr realistisches Krisenszenario ist ein mehrere Tage anhaltender Stromausfall. Insbesondere in Deutschland ist durch die Abschaltung funktionierender Kraftwerke und die Priorisierung erneuerbarer Energien ein solches Szenario sehr wahrscheinlich. An Tagen mit wenig Wind und Sonne ist Deutschland schon mehrfach nur knapp an einem Totalausfall des Stromnetzes vorbeigeschrammt. Nur teure Stromlieferungen aus den Nachbarländern helfen in solchen Situationen. Doch darauf kann man sich gerade in Krisenzeiten nicht verlassen. Ohne Strom funktioniert in unserer hochtechnisierten Welt kaum noch etwas. Ampelanlagen und öffentlicher Nahverkehr fallen aus, Lebensmittel verrotten in den Kühlregalen der Supermärkte und in den Kühlräumen der Großhändler, die Versorgung mit dem Lebensnotwendigsten dürfte dann schwierig werden.

Wenn Sie nicht gerade auf einem Bauernhof leben, sondern in einer Stadt, die von der Versorgung von außen abhängig ist, sollten Sie sich für solche besonders kritischen Zeiten Notvorräte anlegen. Sie müssen dazu nicht gleich zum *Doomsday Prepper* werden. *Preppers* (vom Pfadfinder-Motto „Be Prepared") oder *Survivalists* nennt man Menschen, die sich auf das Überleben im Katastrophenfall vorbereiten, Vorräte, Werkzeuge und Waffen lagern und eventuell sogar Wehrübungen für den Fall eines Bürgerkriegs abhalten. Das kann manchmal etwas sektiererisch wirken. Doch davon sollten Sie sich nicht abschrecken lassen. Die Idee, für den Ernstfall gerüstet zu sein, ist absolut richtig. Das bedeutet nicht, dass man ihn herbeisehnt. Denken Sie eher an den Wagenheber, den Sie hoffentlich stets im Auto dabeihaben, ohne ihn jemals zu brauchen. Oder an den Regenschirm, der die magische Wirkung zu haben scheint, dass er Regen verhindert, wenn man ihn bei sich trägt, und es nur regnet, wenn man ihn gerade zu Hause vergessen hat.

Es sind keineswegs nur ein paar verrückte *Survivalists*, die Vorräte für den Notfall horten. Auch das deutsche Bundesamt für Bevölkerungsschutz und Katastrophenhilfe rät dazu, stets für mindestens zehn Tage Notvorräte im Haus zu haben.[82] Es gibt dafür spezielles *Emergency Food*, das lange hält, wenig Platz wegnimmt und alle wichtigen Nährstoffe enthält, die der Mensch benötigt. Gut geeignet sind auch die sogenannten EPAs der Bundeswehr, die jeweils eine Tagesration für eine Person beinhalten. Natürlich posten Sie nicht auf Facebook, wenn Ihre Großpackung Emergency Food ankommt, auch wenn Sie schwer widerstehen können, ein cooles Selfie damit zu schießen. Im Ernstfall könnten Sie der einzige Wohlpräparierte in Ihrem Viertel und damit ein Ziel für hungrige Plündernde sein. Bestellen Sie also Ihre Notvorräte lieber nach und nach in kleinen Mengen und lagern Sie sie diskret ein. Sie können Sie auch im Garten vergraben, wenn Sie einen haben und in Ihrer Wohnung der Platz fehlt.

Am allerwichtigsten ist es, genügend Trinkwasser im Haus (oder im Garten vergraben) zu haben, falls auch die Wasserversorgung zusammenbrechen sollte, denn ohne Wasser kann der Mensch nur kurze Zeit überleben. Zu diesem Zweck sind auch Tabletten zur Wasserreinigung nützlich, mit denen Sie schmutziges Wasser aus Tümpeln und Flüssen trinkbar machen können.

Nicht fehlen im Notvorrat dürfen die wichtigsten Medikamente. Vor allem natürlich solche, die Sie selbst regelmäßig nehmen müssen, außerdem Erkältungsmittel, Schmerz- und fiebersenkende Mittel, Mittel gegen Magen-Darm-Krankheiten, Elektrolyte, Fieberthermometer, Splitterpinzette, Desinfektionsmittel und Verbandsmaterial.

„Woran viele nicht denken: Wenn es keinen Strom gibt, funktionieren nach einiger Zeit auch die Toiletten nicht mehr, denn das Wasser für die Spülung wird mit elektrischen Pumpen nach oben gepumpt", erklärt Bettina Falck. „Zu den wichtigsten

Notfallvorräten gehören daher Chemikalien, wie sie in Dixi- oder Campingtoiletten verwendet werden."[83]

Sie sollten außerdem immer genügend Bargeld in kleinen Scheinen im Haus haben, denn im Fall einer Finanzkrise werden Banken und Geldautomaten mit Sicherheit für längere Zeit geschlossen sein. Wahrscheinlich wird die Menge an Bargeld, die Sie von Ihrem Konto abheben können, streng begrenzt werden. Die Zyprioten und Griechen haben dies erst kürzlich erfahren müssen. Und während eines Stromausfalls funktionieren Geldautomaten ohnehin nicht.

Es empfiehlt sich, für alle Fälle einen „Fluchtrucksack" zu packen, falls man eilig das Haus verlassen muss. Bettina Falck empfiehlt dafür den folgenden Inhalt:

- wasserdichte Dokumententasche mit amtlich beglaubigten Kopien wichtiger Dokumente (Geburtsurkunde, Reisepass oder Personalausweis, Führerschein, Abschlusszeugnis)
- Speicherkarte (Mini-SD-Karte, besser: Micro-SD mit mind. 16 GB zzgl. SD-Adapter) oder USB-Stick mit allen wichtigen Dateien in verschlüsselter Form
- Tactical Pen (taktischer Kugelschreiber), der im Notfall auch als Kubotan zur Verteidigung eingesetzt werden kann
- Notfallradio, mind. AM/FM/KW, evtl. mit Solarladetechnik und/ oder Kurbel-Dynamo-Betrieb (sowie USB-Steckplatz zum Laden des Handys)
- optional: CB-Handfunkgerät
- taktische (LED-)Taschenlampe (robust, großer Lichtertrag, evtl. mit Signalfunktionen und Stroboskop)
- Reservebatterien und/oder -akkus
- alubeschichtete Notfallrettungsdecke
- leichte, schmutz-, wasser- und windabweisende Trekkingjacke (o. Ä.) mit minimalem Packvolumen/Notfallponcho

- Erste-Hilfe-Kasten, Inhalt zum Beispiel nach DIN 13164
- Bundeswehr-Not- oder -Überlebensration (alternativ: Energieriegel)
- Multifunktionswerkzeug und/oder Schweizer Einhand-Soldaten-messer bzw. Offiziersmesser
- Tierabwehrgerät: zum Beispiel Piexon Guardian Angel II, Piexon Jet Protector JPX oder Pfefferspraypistole Mace Pepper Gun
- Pistole Kaliber 9 mm (mit geladenem Ersatzmagazin) oder Revolver Kaliber .38 Spezial/.357 Magnum mit zwei bestückten Speedloadern

Der letzte Punkt setzt natürlich voraus, dass Sie in einem Land leben, in dem der Besitz von Waffen legal ist, oder dass Ihnen Ihr Recht auf Selbstverteidigung wichtiger ist als die Einhaltung von Gesetzen, die von Kriminellen ohnehin nicht beachtet werden.

6.3 Schützen Sie sich vor Kriminalität!

In wirtschaftlich schlechten Zeiten ist es unvermeidlich, dass die Kriminalität zunimmt. Menschen, die bisher von Zahlungen des Sozialstaats gelebt haben, welche durch die Inflation immer mehr an Kaufkraft verlieren oder ganz versiegen, werden nicht nur normale Jobs annehmen, sondern vermehrt ihren Lebensunterhalt mit Raub, Diebstahl, Einbrüchen und Entführungen verdienen. Die vermehrte Zuwanderung aus Regionen mit anderen Moralvorstellungen und einer anderen Haltung zur Gewaltanwendung verbessert die Lage nicht. Solange die Kriminalisierung von Drogen nicht abgeschafft wird, ist außerdem mit zunehmender Beschaffungskriminalität Drogenabhängiger zu rechnen, denn in harten Zeiten neigen die Menschen eher dazu, mit chemischen Hilfsmitteln der Realität zu entfliehen.

„Durch meine Arbeit habe ich einen recht guten und durch solide Daten gestützten Überblick darüber, wie sich die Kriminalität entwickeln wird, und es sieht nicht gut aus", sagt Bettina Falck. „Wenn die Situation eskaliert, wird die Polizei allein von ihrer Personalstärke her gar nicht in der Lage sein, die einfachen Bürger zu schützen. Sie wird sich dann auf ausgesuchte Funktionsträger und auf die eigenen Familien konzentrieren."[84]

Als Stadtbewohner werden wir uns also daran gewöhnen müssen, bestimmte Stadtteile zu meiden, zumindest nach Einbruch der Dunkelheit. Auch in vermeintlich sicheren Stadtteilen ist es besser, abends in einer Gruppe unterwegs zu sein als allein, denn Kriminelle und Schlägertypen suchen sich gern unterlegene Opfer und vermeiden Gegenwehr. Ihre Wohnung oder Ihr Haus sollten Sie verstärkt gegen Einbruch schützen, durch Sicherheitstüren, bessere Schlösser, Vergitterungen, Alarmanlagen und eventuell die Anschaffung eines Wachhundes. Vermutlich werden *Gated Communities* mit privaten Sicherheitskräften und strenger Einlasskontrolle, wie sie in den USA und in Lateinamerika weit verbreitet sind, sich auch in Europa in Zukunft größerer Beliebtheit erfreuen – selbst wenn manche dabei das Gefühl haben mögen, in einem Gefängnis zu leben.

Um auf Raubüberfälle vorbereitet zu sein, sollten Sie immer eine gewisse Menge an Bargeld mit sich tragen, die Sie jemandem, der Sie mit der Waffe bedroht, schnell in die Hand drücken können. Kriminelle sind in der Regel daran interessiert, ihr Geschäft möglichst schnell und unkompliziert abzuschließen. Wenn die Summe groß genug ist, um den Räuber zufriedenzustellen, lässt er Sie höchstwahrscheinlich in Ruhe und sucht das Weite. Auf keinen Fall sollten Sie den Helden spielen und Ihr Hab und Gut in so einem Fall verteidigen, es sei denn, Sie sind dem Räuber waffentechnisch deutlich überlegen. Ist er allein und nur mit einem Messer bewaffnet, das er Ihnen noch nicht

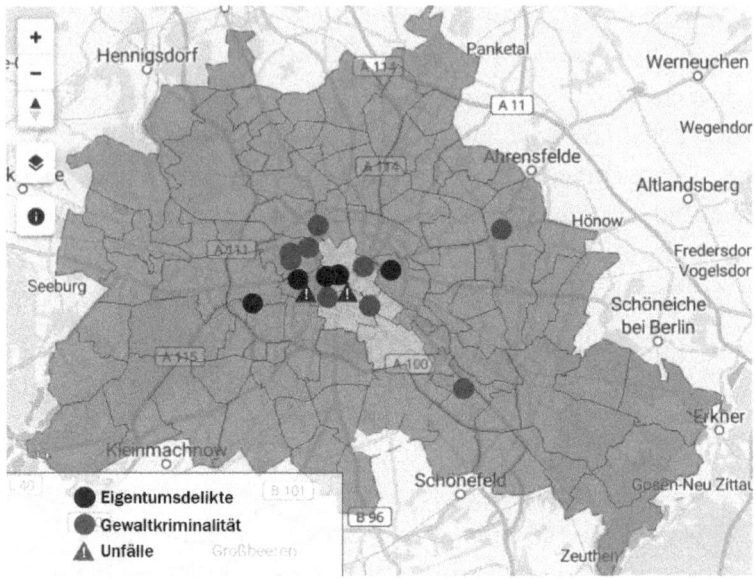

Momentaufnahme: Verbrechen und Unfälle in Berlin

an die Kehle hält, und Sie können schnell eine Pistole zücken, sieht die Lage natürlich anders aus. Doch im Zweifelsfall sollten Sie kein Risiko eingehen und Ihr Überfall-Bargeld abschreiben.

6.4 Stärken Sie Ihre sozialen Bindungen!

Die Menschen haben sich nur deshalb im Überlebenskampf gegen deutlich stärkere Gegner wie Wölfe, Bären oder Säbelzahntiger durchsetzen können, weil sie sich zu Gruppen zusammengetan und miteinander kommuniziert haben. Durch das Leben in der modernen Industriegesellschaft haben wir wichtige menschliche Eigenschaften wie Solidarität und gegenseitige Hilfe teilweise verloren. Insbesondere der eigentlich antisoziale Sozialstaat hat hier viel Schaden angerichtet, weil er „Solidarität" durch Zwang zu erzeugen versucht und den Menschen die Eigenverantwortung aberzieht. Gerade in Krisenzeiten sollten wir uns daher wieder auf wichtige menschliche Qualitäten wie echte Solidarität, Mitgefühl und Hilfsbereitschaft besinnen.

„Ich habe vor einigen Jahren ein Überlebenstraining mit australischen Ureinwohnern in der Wüste absolviert, das war hochinteressant", erzählt Bettina Falck. „Für die Aborigines sind natürlich auch Wasser, Essen, Unterkunft und Heilkunst wichtig zum Überleben, aber das Wichtigste überhaupt ist für sie die soziale Gemeinschaft. Wir Menschen sind keine Einzelkämpfer, sondern können nur in der Gruppe stark sein. Das ist etwas, was viele der westlichen *Survivalists* übersehen."[85]

Die soziale Isolierung, wie sie von manchen Regierungen zu Zeiten der Coronapanik angeordnet wurde, ist in Krisenzeiten genau der falsche Weg. Als Einzelner kann das Leben in einer Welt, die von Verteilungskämpfen und wachsender Kriminalität geprägt ist, sehr hart sein. In einer Gemeinschaft von Gleichgesinnten, die zusammenstehen und sich gegenseitig unterstützen, sieht das schon anders aus. Das kann die Familie oder der Freundeskreis sein, die Nachbarschaft oder die Kirchengemeinde, das ist individuell unterschiedlich. Bettina Falck empfiehlt daher, schon bevor die Krise ausbricht, die eigenen sozialen Netzwerke auszubauen und zu verstärken – und damit sind nicht Facebook und Co gemeint, sondern echte Netzwerke mit Menschen aus Fleisch und Blut, die man persönlich kennt.

Eine große Krise zu meistern wird sicher nicht einfach, kann aber auch positive Aspekte haben. Der Zusammenbruch des Wirtschafts- und Finanzsystems wird uns lehren, jahrtausendealte menschliche Formen des Zusammenlebens wiederzuentdecken. Mehr zu solchen Zukunftsversionen in Kapitel 8. Zunächst wollen wir das Thema finanzielle Freiheit aber aus einem anderen Blickwinkel betrachten.

Buchtipps

Stefan Heuer: *Mich kriegt ihr nicht: Die wichtigsten Schritte zur digitalen Selbstverteidigung*, Murmann, Hamburg 2019.

Walter Dold: *Das Prepper-Handbuch – Krisen überleben*, Pietsch, Stuttgart, 2016.

Sebastian Hein: *Prepper, Krisenvorsorge, Survival Guide – Bereit zum Überleben*, Eigenverlag, 2018.

7

Finanziell frei im Kopf

Vielleicht haben Sie von diesem Buch erwartet, dass Sie darin erfahren, wie Sie schnell reich werden. Viele Bücher, die „Finanzielle Freiheit" im Titel tragen, meinen damit oft nichts anderes als Reichtum. Ich hingegen habe bisher hauptsächlich über das geschrieben, was ich im engeren Sinne unter finanzieller Freiheit verstehe: nämlich unser Eigentum gegen finanzielle Repressionen durch den Staat zu schützen. Mit finanziellen Repressionen meine ich Dinge wie negative Zinsen, Kapitalverkehrskontrollen, eingefrorene Konten, Währungsreformen oder Hyperinflation. In den Kapiteln 2 bis 6 habe ich eine Reihe von Gegenmitteln beschrieben, die Ihnen zur Verteidigung dienen können.

Doch die Frage, wo das Geld herkommen soll, das man vor finanziellen Repressionen schützen kann, ist natürlich legitim. Was nützen Ihnen Informationen über Kryptowährungen, Gold oder solide Aktien, wenn Sie gar kein Geld haben, das Sie krisensicher anlegen können? Was bringen Ihnen Tipps über Staaten mit Territorialbesteuerung, in denen Sie ihr Unternehmen gründen können, wenn Sie sich eine Unternehmensgründung nicht zutrauen? Gerade in Zeiten einer bevorstehenden Krise ist es sinnvoll, dass Sie sich generell mit Ihrer eigenen Einstellung zu den Themen Geld, Erfolg und Reichtum beschäftigen, denn das könnte bald für Sie sehr wichtig werden. Eventuell wird Ihr scheinbar sicherer Job wegen der Krise gestrichen, sodass Sie sich fragen, was Sie stattdessen tun sollen. Oder Ihr bis dahin erfolgreiches Unternehmen verliert wichtige Kunden und muss Insolvenz anmelden. Es ist wichtig, für solche kritischen Situationen mental gewappnet zu sein.

7.1 Fit für finanzielle Freiheit

Es gibt einige sehr interessante Trainingsprogramme, die sich mit dem Thema finanzielle Freiheit im weiteren Sinne beschäftigen. Diese drei will ich im Folgenden vorstellen:

- das *Millionaire's-Mind*-Training von T. Harv Eker
- das *Wealthy-Mind*-Training von Tim und Kris Hallbom
- das *Diamond-Cutter-System* von Geshe Michael Roach

Allen dreien gemeinsam ist, dass sie die Ursachen für finanziellen Erfolg vor allem im menschlichen Geist begründet sehen, in seinen unbewussten Einstellungen, Glaubenssätzen und Programmierungen. In diesem Kapitel kann ich Ihnen naturgemäß nur einen ersten Eindruck von diesen Methoden geben. Wenn dies Ihr Interesse für eine oder mehrere davon wecken sollte, kann ich Ihnen nur empfehlen, sich näher damit zu beschäftigen. Am Schluss dieses Kapitels finden Sie dazu weiterführende Informationen.

Mein Aha-Erlebnis zum Thema Geld

Ich persönlich hatte dazu ein Schlüsselerlebnis, als ich vor einigen Jahren selbst finanziell ziemlich schlecht dastand. Eine befreundete Trainerin gab mir netterweise ein kostenloses Coaching zum Thema Geld, denn ich war so abgebrannt, dass ich mir ihre Trainingsstunden nicht hätte leisten können. Ich erzählte ihr, dass mir Geld eigentlich nicht wichtig sei und dass ich andere Ziele im Leben hätte, als viel Geld zu verdienen. Geld sei für mich nur ein „Mittel zum Zweck". Und da hatte sie mich. „Stell dir vor, du würdest das Gleiche über deine Lebenspartnerin oder deine Freunde denken und laut aussprechen", sagte sie. „Mit so einer Einstellung wird vermutlich jeder deine Nähe meiden und du wirst deine Partnerin und deine Freunde schnell verlieren. Mit Geld ist es nicht anders."

Diese Erkenntnis änderte schlagartig einiges in mir. Mir wurde klar, dass meine ablehnende Haltung zum „schnöden Mammon" überaus schädlich war und zu meiner misslichen finanziellen Lage geführt hatte. Geld ist nichts Schlechtes oder Unreines, sondern eine Form von positiver Energie. Es ist der Ausdruck davon, dass andere Menschen die eigene Arbeit wertschätzen. Aus diesem Coaching ging ich geläutert und gestärkt hervor. In der Folgezeit habe ich eine erfolgreiche Produktionsfirma für Internet-Erklärvideos aufgebaut und mehrere Bestseller geschrieben. Heute bin ich finanziell freier als je zuvor, auch wenn ich mein Potenzial noch bei Weitem nicht ausgeschöpft habe. Insofern war die Recherche für dieses Kapitel für mich ein willkommener Anlass, noch tiefer in das Thema einzutauchen. Habe ich Ihnen schon gesagt, wie sehr ich meine Arbeit liebe? Erklärvideos zu drehen und Bücher zu schreiben ist wirklich großartig. Es gibt wohl keine bessere Art, selbst immer wieder etwas Neues zu lernen, als sich mit immer neuen Themen so tief auseinanderzusetzen, dass man sie für andere Menschen in einfachen Worten und Bildern erklären kann.

7.2 Das Lebenskonzept *Ikigai*

Bevor ich auf die von mir betrachteten Trainingsmethoden näher eingehe, möchte ich Sie mit einem interessanten Konzept bekannt machen, das aus Japan stammt und *Ikigai* heißt. *Iki* bedeutet „Leben" und *Gai* bedeutet „Wert", es ist also das, was das Leben lebenswert macht und ihm einen Wert gibt. Mit anderen Worten: das, wofür es sich wirklich lohnt, zu leben. Mit Ikigai wird die Schnittmenge bezeichnet, die sich ergibt, wenn man diese vier wichtigen Aspekte des Lebens in Form von Kreisen darstellt und übereinanderlegt:

1. Was Sie lieben
2. Was Sie gut können
3. Was die Welt braucht
4. Wofür Sie bezahlt werden

Wenn sich zum Beispiel Ihre Kreise 1 und 2 überschneiden, haben Sie damit ein nettes Hobby für sich selbst gefunden, mehr aber nicht. Kaum jemand sonst wird sich dafür interessieren. Wenn sich Ihre Kreise 2 und 4 überschneiden, können

Sie erfolgreich in Ihrem Beruf sein, aber wahrscheinlich emp-
finden Sie dabei ein Gefühl der Leere und Sinnlosigkeit. Wenn
sich Ihre Kreise 1, 2 und 3 überschneiden, kann das eine sehr
erfüllende Tätigkeit sein, die Sie glücklich macht, zum Beispiel
eine ehrenamtliche Aufgabe in einer gemeinnützigen Stiftung.
Ihren Lebensunterhalt können Sie damit jedoch nicht bestreiten.
Wenn Sie nicht gerade reich geerbt haben, müssen Sie Ihre
gemeinnützige Tätigkeit also um einen Job ergänzen, der eventuell nur die Schnittmenge der Kreise 2 und 4 umfasst. So
verbringen Sie Ihre Arbeitszeit eventuell damit, sich nach Ihrer
schönen, erfüllenden Aufgabe zu sehnen. Erst wenn sich alle
vier Kreise überschneiden, ist das Ikigai perfekt. Eine solche
Lebensaufgabe zu finden ist nicht einfach und kann einige Zeit

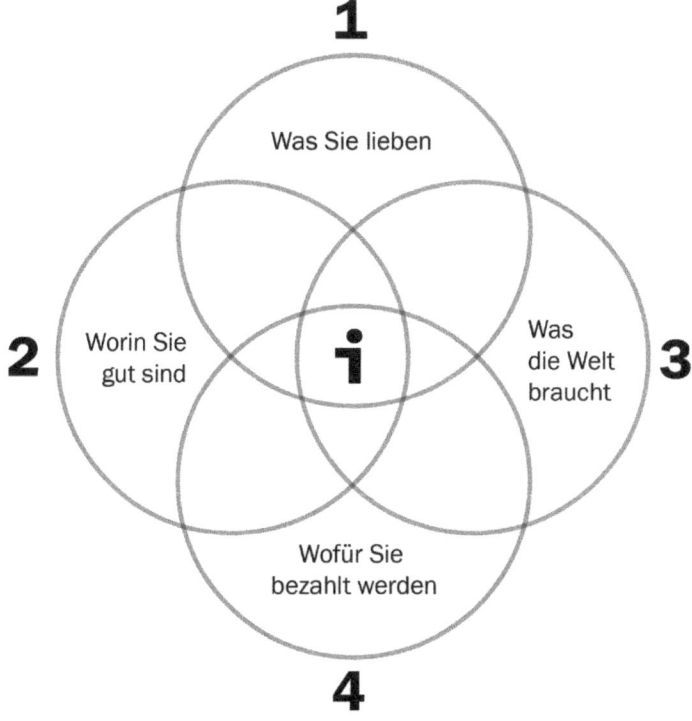

dauern. Ich halte dieses Modell für sehr gut geeignet, um sich darüber klar zu werden, wofür man sein Leben nutzen möchte. Wenn Sie einen Beruf haben, den Sie lieben, in dem Sie richtig gut sind und den die Welt braucht, sollte die Wahrscheinlichkeit eigentlich hoch sein, dass Sie damit gutes Geld verdienen. Dennoch gibt es viele Menschen, die trotz bester Voraussetzungen immer wieder finanzielle Schwierigkeiten haben. Woran liegt das?

7.3 *Millionaire's Mind* nach T. Harv Eker

T. Harv Eker, Autor des Buches „Secrets of the Millionaire's Mind" und einer der erfolgreichsten Trainer im Finanzbereich, sagt: Es liegt vor allem an unserem finanziellen *Blueprint* (also etwa dem „Bauplan" oder der „Entwurfszeichnung"), den die meisten von uns unbewusst in sich tragen und der unser Verhältnis zum Geld bestimmt. Oft ist er durch frühkindliche Eindrücke entstanden, etwa wenn unsere Eltern ständig Dinge gesagt haben wie „Geld verdirbt den Charakter" oder „Alle Reichen sind gierige Ausbeuter" und wir dies unhinterfragt übernahmen. Es kann auch sein, dass uns frühere Misserfolge zu der Schutzbehauptung geführt haben, dass Geld eigentlich gar nicht wichtig für uns sei. Statt aus unserem Scheitern zu lernen und stärker zu werden, reden wir es uns schön. Wir behaupten, dass Geld und Erfolg für uns gar nicht wichtig seien, und ziehen mit dieser Einstellung noch mehr Misserfolg an.

T. Harv Eker ist selbst im Leben oft gescheitert. Er hat in 12 Jahren versucht, 14 verschiedene Geschäftsmodelle aufzubauen, alle ohne Erfolg. Erst als ihm ein reicher Freund seines Vaters riet, seine Denkweise zu ändern und „zu denken wie ein Reicher", änderte sich das. Nachdem er sich intensiv mit den

T. Harv Eker

Lebensgeschichten und Erfolgsstrategien reicher Menschen beschäftigt hatte, baute er innerhalb von zweieinhalb Jahren eine erfolgreiche Kette von Fitnessgeschäften auf, verkaufte sie und wurde so zum Millionär. Allerdings hielt sein finanzielles Glück nicht lange an. Durch schlechtes Finanzmanagement schrumpfte sein Vermögen auf fast null. Er lernte schmerzhaft, dass es nicht nur darauf ankommt, Geld zu verdienen – genauso wichtig ist es, sein Vermögen zu bewahren, klug zu verwalten und zu vermehren. Es ist kein Wunder, dass viele Lotteriegewinner, die aus armen Verhältnissen stammen, nach geraumer Zeit ihren Gewinn verprassen und wieder so arm sind wie zuvor. Sie haben es nie gelernt, mit Geld umzugehen, und ihr innerer Finanz-Bauplan hindert sie daran, reich zu bleiben.

Verkaufen Sie nicht Ihre Zeit

Nach dieser negativen Erfahrung drang Eker noch tiefer in die Materie ein. Er entwickelte eine Methode für erfolgreiches Finanzmanagement und startete seine Karriere als Trainer. Heute ziehen seine Seminare in aller Welt Tausende von Menschen an. Nach eigenen Angaben hat er bisher über zwei Millionen Menschen damit erreicht. Er lehrt kaum noch selbst, sondern hat Trainer in seiner Methode ausgebildet, die die Seminare leiten. Das ist ein wichtiges Prinzip, um finanziell frei zu werden: nicht die eigene Zeit verkaufen, denn die ist von Natur aus knapp, sondern sein eigenes Business haben, von dem man selbst am meisten profitiert, selbst wenn andere Menschen die operative Arbeit machen. Klingt solch ein „leistungsloses Einkommen" für Sie unmoralisch? Dann sind Sie vermutlich selbst gerade pleite. So eine negative Programmierung der „inneren Blaupause" ist nämlich die beste Garantie für Misserfolg. Natürlich hat T. Harv Eker eine Leistung erbracht, denn ohne seine Bücher, seine Videos und seinen Blog würde niemand die Seminare der für ihn arbeitenden Trainer besuchen. Doch er hat sein Geschäft so aufgebaut, dass es gut skaliert, indem er viele Tätigkeiten delegiert oder Kurse online in Form von Videos anbietet.

Selbst wenn Sie noch Angestellter sind, sollten Sie Wert darauf legen, nicht nur für Ihre Zeit bezahlt zu werden, sondern vor allem für die Resultate Ihrer Arbeit – zum Beispiel durch Erfolgsprovisionen, erfolgsabhängige Boni oder Aktienoptionen des Unternehmens, für das Sie arbeiten. Eker beschreibt in seinem Buch eine Begegnung mit einer PR-Managerin, die ihm verspricht, für seine Firma monatlich einen Medienwert von 20.000 Dollar zu generieren, und dafür ein festes Honorar von 4.000 Dollar verlangt. Er macht ihr das viel bessere Angebot, 50 Prozent des monatlich generierten Medienwertes zu zahlen, also im versprochenen Erfolgsfall 10.000 Dollar. Doch die offensichtlich mit einem „armen Bauplan" ausgestattete PR-Dame lehnt ab und möchte lieber für ihre Zeit bezahlt werden, unabhängig vom Erfolg. Klar, dass die beiden nicht ins Geschäft kommen. Wer kein eigenes Risiko eingeht und allein auf Sicherheit setzt, ist für „reich denkende" Geschäftsleute kein adäquater Partner.

Streben Sie passives Einkommen an

Das Allerwichtigste, um finanziell frei zu sein, ist laut Eker passives Einkommen – also eines, das fließt, auch wenn Sie nicht aktiv sind. Dabei gibt es zwei Arten: zum einen passives Einkommen durch Geld, das Sie gut investiert haben und so für sich arbeiten lassen, zum Beispiel in Aktien, Anleihen oder Kryptowährungen; zum anderen ein Geschäft, das nach einer gewissen Anlaufphase, in der Sie selbst natürlich einiges an Arbeit in das Projekt investieren, quasi von selbst läuft, ohne dass Sie als Unternehmer noch viel tun müssen. Hierzu zählen zum Beispiel Tantiemen aus Büchern oder Videos, Vermietungen von Immobilien, der Betrieb von Münzautomaten, Networking Marketing und vieles mehr.

Finanzielle Freiheit definiert T. Harv Eker so: wenn Sie so viel passives Einkommen generieren, dass Sie davon gut leben können, ohne arbeiten zu müssen. Wenn Sie einen bescheidenen Lebensstandard und geringe Lebenshaltungskosten haben, weil Sie zum Beispiel auf die Philippinen ausgewandert sind (siehe Kapitel 5), können Sie nach dieser Definition also durchaus finanziell frei sein, ohne wirklich reich zu sein.

Kris und Tim Hallbom

7.4 *Wealthy Mind* nach Tim und Kris Hallbom

Das Wealthy-Mind-Training wurde von Tim und Kris Hallbom entwickelt, den Gründern und Leitern des *NLP and Coaching Center California (NLPCA)*. Es basiert auf dem *Neuro-Linguistic Programming*, kurz NLP. Das ist ein System von Kommunikationstechniken und Methoden, die psychische Prozesse des Menschen ändern und verbessern können. Die Grundannahme ist, dass es Verbindungen zwischen Prozessen im Gehirn (Neuro), der Sprache (Linguistic) und angewöhnten, unbewussten Verhaltensmustern (Programming) gibt, die man ändern kann, um bestimmte Ziele im Leben zu erreichen. NLP greift dabei auf eine Reihe von etablierten Therapieformen wie die Gestalt- und die Hypnotherapie sowie auf Erkenntnisse der Kognitionsforschung zurück.

Seine Begründer John Grinder und Richard Bandler wollten ursprünglich herausfinden, warum einige Psychotherapeuten höhere Heilungsquoten erzielten als andere. Sie untersuchten die Arbeit des Gestalttherapeuten Fritz Perls, der Familientherapeutin Virginia Satir und des Hypnosetherapeuten Milton Erickson. Daraus leiteten sie Verhaltensweisen, Methoden und Vorannahmen ab, die in der Psychotherapie besonders gut funktionierten. Seit den 70er-Jahren wurde NLP von vielen verschiedenen Experten weiterentwickelt. Heute erfreut es sich besonders bei Verkäufern, Beratern, Lehrern, Trainern und Psychotherapeuten steigender Beliebtheit. Es gibt zahlreiche Lehrgänge und Kurse in aller Welt, bei denen man zum Beispiel zum NLP-Practitioner oder NLP-Master ausgebildet werden kann. Kritiker bezeichnen NLP als unseriöse Pseudowissenschaft, deren Thesen nicht belegt seien. Doch hier geht es ja nicht um theoretische Diskussionen, sondern um die ganz praktische Verbesserung des eigenen Lebens. Die beste Methode ist daher, selbst auszuprobieren, ob NLP Ihnen hilft.

Glaubenssätze, die uns einschränken

Das Wealthy-Mind-Programm ist ein zweitägiges Trainingsprogramm, bei dem es darum geht, bestimmte Glaubenssätze aufzuspüren und zu ändern, die einen daran hindern, finanziell erfolgreich zu sein. Das sind Sätze wie:

„Man muss für sein Geld hart arbeiten."

„Es ist sehr schwer, an Geld zu kommen."

„Ich bin nicht dafür gemacht, reich zu sein."

„Geld ist die Wurzel allen Übels."

„Eher geht ein Kamel durch ein Nadelöhr, als dass ein Reicher in den Himmel kommt."

Jeder von uns hat eine Reihe von Glaubenssätzen zum Thema Geld, deren wir uns oft gar nicht bewusst sind. Dennoch bestimmen sie das Verhältnis, das wir zu Geld und Erfolg haben.

Wenn Sie an „unsichtbare Decken" stoßen, die Sie daran hindern, finanziell erfolgreich zu sein, liegt es meist an solchen negativen Glaubensmustern. Im Wealthy-Mind-Training geht es darum, diese Glaubenssätze zu ändern. Das Training ist als praktischer Workshop in kleinen Gruppen aufgebaut, in dem Sie nicht nur Informationen erhalten, sondern aktiv an sich selbst arbeiten.

Module des Wealthy-Mind-Trainings

1. Die universellen Zyklen der Veränderung

Diese Zyklen sind ein natürlicher Prozess im Universum, den es schon immer gab. Sie sind in allen Aspekten unseres Lebens zu beobachten: im Geschäft, in Beziehungen, in der Gesundheit, im Familienleben und so weiter. Es ist wichtig, sich dieser Zyklen bewusst zu werden. Menschen, die ein erfolgreiches Leben führen, befinden sich in der Regel in Übereinstimmung mit diesen Zyklen. Es geht darum, herauszufinden, in welcher Phase Sie sich in den wichtigsten Bereichen Ihres Lebens jeweils befinden. Wie gut Sie mit den natürlichen Zyklen im Einklang sind, beeinflusst laut den Wealthy-Mind-Schöpfern Ihre Fähigkeit, Geld zu verdienen und weitere positive Resultate im Leben zu erzielen.

2. Die neun wichtigsten Attraktoren des *Bringforthism*

Diese lustige Wortschöpfung, die man nur holprig mit „Hervorbringismus" übersetzen kann, soll vermutlich positive Prozesse im Gehirn auslösen. Gemeint ist damit die Qualität, bewusst darüber zu entscheiden, was Sie im Leben erreichen wollen, sowie die nötigen Aktivitäten zu entfalten, um dies zu tun. Erfolgreiche Menschen sind laut Wealthy Mind auf diese neun Hauptattraktoren ausgerichtet. Im Workshop geht es darum, zu lernen, wie Sie diese „Schlüssel" nutzen können.

3. Sich selbst kennenlernen

In diesem Modul wird untersucht, wie Sie unbewusst zum Thema Geld stehen. Es geht darum, die wichtigsten Glaubenssätze zu identifizieren, die Sie in Bezug auf Reichtum und Erfolg einschränken.

4. Ändern unserer einschränkenden Glaubenssätze

Unsere unbewussten Überzeugungen haben einen enormen Einfluss auf jeden Aspekt unseres Lebens, einschließlich des finanziellen Erfolgs, den wir erzielen können. In diesem Modul geht es darum, diese einschränkenden Glaubenssätze dauerhaft zu ändern.

5. Systemische Ausrichtung

Die letzte Phase des Workshops ist die systemische Ausrichtung, bei der es darum geht, Ihr physisches, mentales, soziales, emotionales und spirituelles Selbstbild mit Ihren höheren Zielen, Werten, Überzeugungen und Träumen in Einklang zu bringen.

Der Grundansatz des Wealthy Mind ist also sehr ähnlich zu dem von T. Harv Eker, auch wenn sich die Methoden vom Stil her deutlich unterscheiden. Eker ist eher der hemdsärmelige Verkäufertyp mit eindringlicher (wenn auch durchaus sympathischer) Rhetorik, die NLP-Leute kommen hingegen eher etwas esoterisch daher. Bei Eker lernt man ganz praktische Methoden, wie man seine Finanzen organisiert, was bei Wealthy Mind kein Thema ist. Dafür haben die NLPler den Anspruch, sich nicht nur auf das Thema Geld zu beschränken, sondern den Geist im allgemeinen Sinn als reich zu erleben, also offen für jede Art von Erfolg im Leben, sei es in der Liebe oder im sozialen Umfeld. Während Eker gern seine eigene Lebensgeschichte (vom Versager zum Multimillionär) erzählt, um zu überzeugen, wird bei Wealthy Mind der NLP-Unterbau besonders betont.

7.5 Das *Diamond-Cutter*-System von Geshe Michael Roach

Einen ganz anderen Hintergrund hat der US-Amerikaner Michael Roach. Er ist buddhistischer Mönch und bekam als erster Westler vom Sera-Kloster in Dharamsala den Titel *Geshe* (etwa: buddhistischer Gelehrter) verliehen. Bekannt wurde er durch sein Buch „Der Diamantschneider: Die Weisheit der Diamanten. Buddhistische Prinzipien für beruflichen Erfolg und privates Glück". Dieses millionenfach verkaufte und in über 30 Sprachen übersetzte Werk basiert auf dem buddhistischen Diamant-Sutra (Sanskrit: *Vajracchedikā-prajñāpāramitā-sūtra*) und leitet daraus ab, wie man im modernen Geschäftsleben Erfolg haben kann. 2010 gründete Roach das *Diamond Cutter Institute (DCI)*, das überall auf der Welt Vorträge und Kurse organisiert, die von ihm selbst oder von zertifizierten Trainern geleitet werden. Nach Angaben des DCI besuchen jährlich rund 30.000 Menschen in 35 Städten und 20 Ländern seine Kurse und Seminare.

Vom Kloster ins Business

Nach seinem Studium an der Princeton University kam Roach auf einer Reise nach Indien in Kontakt mit dem tibetischen Buddhismus. Wegen der gewaltsamen Annexion Tibets durch das kommunistische China waren viele tibetische Lamas nach Indien geflohen und hatten sich vorwiegend im Himalaja-Vorland angesiedelt. Michael Roach traf dort diverse buddhistische Meister und war von ihrer Weisheit fasziniert. Er wurde Mönch

Geshe Michael Roach

und lebte nach seiner Rückkehr in die USA im Kloster seines Lehrers Lama Sermey Khensur Lobsang Tharchin in New Jersey. Nach einiger Zeit der Meditation und des Studiums buddhistischer Texte überraschte ihn sein Lehrer mit dem Auftrag, in die Geschäftswelt zu gehen und dort die buddhistischen Lehren praktisch anzuwenden.

Roach folgte dem Wunsch seines Meisters und fand einen Job bei der *Andin International Diamond Corporation* in New York City, die 1981 von den orthodoxen Juden Ofer und Aya Azrielant gegründet wurde. Dort arbeitete er rund zehn Jahre lang, stieg vom Lehrling zum Vizepräsidenten auf und half dabei mit, aus einer kleinen Diamantschleiferei ein Unternehmen mit einem Jahresumsatz von über 250 Millionen Dollar zu machen. 2009 wurde Andin von der Warren Buffet gehörenden Richline Group gekauft. Diese Erfolgsgeschichte erzählt er in seinem Buch „Der Diamantschneider". Parallel dazu geht er immer wieder auf Passagen des Diamant-Sutras ein, kommentiert sie und erläutert, wie sie ihm im Berufsleben geholfen haben.

Das Diamant-Sutra

Dieser traditionelle Text basiert auf einem Dialog zwischen dem Buddha und seinem Schüler Subhūti. Er wurde vermutlich im 1. Jahrhundert niedergeschrieben, zuvor wurden seine Inhalte mündlich überliefert. Es ist übrigens der nachweisbar älteste gedruckte Text der Menschheitsgeschichte: Ein 1907 gefundener Holztafeldruck ist auf den 11. Mai 868 datiert, fast 600 Jahre vor der Gutenberg-Bibel.[86] Das Thema des Diamant-Sutras ist es, die Illusion zu durchschauen, die wir von der Welt haben. Sie ist nämlich keineswegs so real, wie wir sie mit unseren Sinnen erfahren. Tatsächlich bestehen alle Dinge nur in gegenseitiger Abhängigkeit voneinander. Ohne den Beobachter, der die Welt wahrnimmt, gäbe es keine Welt.

Diese buddhistische Sichtweise, die sehr an die moderne Quantenphysik erinnert, wird vom Buddha mit den Worten „Form ist Leerheit – Leerheit ist Form" ausgedrückt. Der Begriff „Leerheit" hat im Buddhismus keinen negativen Beigeschmack. Er bedeutet: Da die Welt nicht aus sich selbst heraus existiert und nicht von uns getrennt ist, können wir sie durch unsere eigenen Gedanken, Worte und Handlungen formen. Wir sind selbst verantwortlich für alles, was uns geschieht. Dieses als *Karma* bekannte Gesetz von Ursache und Wirkung ist also keineswegs als Schicksal misszuverstehen, das wir zu akzeptieren haben. Im Gegenteil, wir können unser zukünftiges Karma aktiv gestalten. Jeder Gedanke, jedes Wort, jede Handlung hat direkte Auswirkungen auf die Welt, die wir in der Zukunft erleben werden.

Setzen Sie positive Samen in Ihren Geist

Aus diesem Grundprinzip leitet Michael Roach die folgenden Ratschläge ab, nach denen er selbst im Berufsleben handelt:

- Um finanziell zu prosperieren, seien Sie großzügig.
- Um glücklich zu sein, leben Sie nach ethischen Prinzipien.
- Um gesund und attraktiv zu sein, lehnen Sie es ab, sich zu ärgern.
- Um eine gute Führungskraft zu sein, haben Sie Freude an konstruktiven und hilfreichen Handlungen.
- Um Ihren Geist zu konzentrieren, praktizieren Sie Meditation.
- Um sich von einer Welt zu befreien, die nicht so funktioniert, wie Sie es sich wünschen, lernen Sie das verborgene Potenzial der Dinge kennen.
- Um alles zu bekommen, was Sie wollen, praktizieren Sie Mitgefühl für andere.

Weil das vielleicht noch ein wenig zu abstrakt klingt, beschreibt Michael Roach zahlreiche konkrete Situationen im Geschäftsleben und wie man in ihnen handeln sollte, etwa diese:

- Wenn Ihre Unternehmensfinanzen instabil sind: Teilen Sie Ihre Gewinne mit denen, die Ihnen bei der Produktion geholfen haben.
- Wenn Ihre Anlagen und Maschinen veraltet oder unzuverlässig sind: Seien Sie nicht auf andere Geschäftsleute neidisch, sondern konzentrieren Sie sich auf Ihre eigene Kreativität und Innovation.
- Wenn Sie das Gefühl haben, dass Sie Ihre Autorität im Unternehmen verlieren: Seien Sie nicht arrogant gegenüber Ihren Mitmenschen; hören Sie auf die, die mit Ihnen zusammenarbeiten.

- Wenn Ihr Büro voll von Kämpfen und Zankereien ist:
  Lassen Sie sich nicht auf Gespräche ein, die darauf abzielen,
  Menschen auseinanderzubringen. Ignorieren Sie Klatsch
  und Tratsch.

Michael Roach lehrt, dass wir unsere Denkweise umprogrammieren müssen. Statt zuerst an unseren eigenen Nutzen zu denken, sollten wir unseren Fokus lieber darauf richten, anderen Menschen zu helfen. Durch positive Gedanken, Worte und Handlungen setzen wir Samen in unseren Geist, die mit der Zeit Früchte hervorbringen werden. Wir kalkulieren jedoch nicht: „Ich bin jetzt besonders nett zu diesem Menschen, damit er mir irgendwann hilft." So funktioniert Karma nicht. Wir sagen, denken und tun positive Dinge, ohne dafür eine Gegenleistung zu erwarten. Die positiven Auswirkungen kommen dann ganz von selbst, manchmal von gänzlich unerwarteter Seite. Auf das Naturgesetz von Ursache und Wirkung ist Verlass. Man braucht dafür nur etwas Geduld. Wir haben in der Vergangenheit sicher auch einige negative Samen gelegt, die sich noch entwickeln und zu unangenehmen Erlebnissen führen können. Wichtig ist, dass wir uns davon nicht beirren lassen. Wir handeln weiterhin liebevoll und mitfühlend, nehmen störende Gefühle wahr, aber nicht ernst, ohne sie zu unterdrücken, und pflanzen immer mehr positive Samen. Klingt das zu schön, um wahr zu sein? Probieren Sie es aus!

Weblinks und Buchtipps

Millionaire's Mind

www.harveker.com

Event-Kalender: *www.harveker.com/calendar-mmi*

T. Harv Eker: *So denken Millionäre: Die Beziehung zwischen Ihrem Kopf und Ihrem Kontostand.* Heyne-Verlag München, 2010.

Wealthy Mind

www.thewealthymind.com

Kris and Tim Hallbom: *The Magic of Bringforthism.* NLPCA San Carlos (CA), 2015.

Diamond Cutter System

www.diamondcutterinstitute.com

Event-Kalender: *www.diamondcutterinstitute.com/schedule*

Geshe Michael Roach: *Der Diamantschneider: Die Weisheit des Diamanten. Buddhistische Prinzipien für beruflichen Erfolg und privates Glück.* Edition Blumenau, Hamburg, 2017.

8

Imagine

In jeder Krise liegt immer auch eine Chance. In Krisenzeiten können alte Systeme, die übermächtig und von ewiger Dauer scheinen, ganz plötzlich verschwinden. Wir können uns solche dramatischen Veränderungen oft kaum vorstellen. Denken Sie an den „Kalten Krieg" und die Teilung Europas durch den „Eisernen Vorhang". Wer hätte es für möglich gehalten, dass in kurzer Zeit die Berliner Mauer eingerissen wird, alle kommunistischen Regime Mittel- und Osteuropas stürzen und sich am Schluss sogar die hochgerüstete Supermacht Sowjetunion einfach selbst auflöst?

Das staatliche Monopolgeldsystem, das vielen heute so normal erscheint, dass sie es nicht einmal hinterfragen, kann in einer großen Krise ein ähnliches Schicksal erleben. Und da am Geld bekanntlich die Macht hängt, stellt sich als Nächstes die Frage, ob das Modell „Staat" nicht ebenfalls überholt ist und durch bessere Formen des Zusammenlebens ersetzt werden kann.

Was kommt nach der Krise?

Stellen Sie sich vor, es kommt tatsächlich zu einer Wirtschafts- und Finanzkrise, die alles in den Schatten stellt, was die Welt bisher gesehen hat. Volkswirtschaften brechen zusammen, staatliche Strukturen lösen sich auf, Armut und Hunger grassieren, teilweise herrschen bürgerkriegsähnliche Verhältnisse. Keine schöne Vorstellung. Die interessante Frage ist: Was kommt danach? Menschen sind kreative Wesen und an praktischen Lösungen interessiert. Sie nehmen solche chaotischen Verhältnisse nicht auf Dauer hin, sondern suchen nach neuen Formen des Wirtschaftens und des Zusammenlebens, die weniger krisenanfällig sind. Inmitten des Chaos werden neue Gemeinschaften entstehen, die sich eventuell gegen eine feindliche Außenwelt verteidigen müssen, im Inneren aber neue Zivilisationsformen hervorbringen.

Ein freier Wettbewerb der Kryptowährungen

Stellen Sie sich vor, das alte Geldsystem ist implodiert. In den neu entstehenden Zivilisationsinseln benutzt jeder Kryptowährungen, denn sie haben sich als solide und krisensicher erwiesen. Einige der nach dem Crash übrig gebliebenen Zentralbanken versuchen, eigene Pseudo-„Kryptowährungen" herauszubringen, doch die will keiner haben. Niemand vertraut mehr den Banken und Zentralbanken, dazu ist die Erinnerung an die große Krise noch zu frisch. Außerdem sind sie überflüssig geworden. Alle

Kryptowährungen, die sich durchgesetzt haben, sind wie Bitcoin dezentral aufgebaut, ohne Zentralgewalt und ohne Mittelsmänner. Einige der frühen Cryptocoins wie Bitcoin spielen immer noch eine Rolle, doch es sind neue hinzugekommen, die noch schneller, sicherer und anonymer sind. Niemand ist gezwungen, eine bestimmte Art von Geld zu benutzen. Es gibt kein „gesetzliches Zahlungsmittel". Die Entscheidung für oder gegen eine Währung ist absolut freiwillig.

Freiwillige Zahlungen statt Steuern

Dieses Prinzip der Zwanglosigkeit und Freiwilligkeit gilt mittlerweile in allen Lebensbereichen. Niemand zahlt mehr Steuern, denn es hat sich immer wieder herausgestellt, dass ein Steuerregime zu Missbrauch und Verschwendung durch die Mächtigen geradezu einlädt. Stattdessen werden Gemeinschaftsaufgaben durch transparente Gebühren finanziert, die einzig zu dem Zweck verwendet werden dürfen, für den sie erhoben werden. Einige Gemeinden nutzen Geld als demokratisches Instrument. Jedes zur Diskussion stehende Projekt bekommt eine eigene Bitcoin-Adresse (oder die Adresse der jeweils bevorzugten Kryptowährung) – zum Beispiel eine Adresse für das öffentliche Schwimmbad, eine für die öffentliche Bücherei, eine für das öffentliche Nahverkehrssystem. Die Bürger können bis zu einem Enddatum Geld an die Adressen derjenigen Projekte überweisen, die sie für finanzierungswürdig halten. Kommt nicht genügend für die Realisierung eines Projektes zusammen, so wird es abgesagt und die Bürger erhalten ihre Einzahlungen automatisch zurücküberwiesen, ähnlich, wie man es von Crowdfunding-Plattformen wie Kickstarter oder Indiegogo kennt. So wird sichergestellt, dass wirklich nur die von den Bürgern gewünschten und für sinnvoll erachteten Gemeinschaftsprojekte umgesetzt werden. Das ursprüngliche Budget darf nicht überzogen werden. Es steht nicht mehr Geld zur Verfügung als das von den Bürgern eingezahlte.

Freie Privatstädte

Als sehr populär haben sich die Freien Privatstädte erwiesen (siehe Kapitel 5.4). Sie werden von privaten, gewinnorientierten Firmen betrieben. Diese Betreiberfirmen bieten gewisse zentrale Dienstleistungen an, die für das Zusammenleben essenziell notwendig sind, etwa Sicherheit und Rechtsprechung. Dafür verlangen sie eine klar definierte Gebühr und garantieren, dass diese Leistungen tatsächlich erbracht werden. Alle anderen Dienstleistungen werden von spezialisierten, miteinander im Wettbewerb stehenden Unternehmen angeboten – also auch Dinge wie Straßenbau, Bildung, Krankenversicherung oder Sozialversicherung. Es hat sich herausgestellt, dass es sehr viel ökonomischer und effizienter ist, diese Dinge in einem marktwirtschaftlichen Wettbewerb zu organisieren.

Auch die Stadtbetreiberfirmen stehen im Wettbewerb miteinander und müssen daher möglichst hohe Lebensqualität zu einem möglichst günstigen Preis anbieten, denn sonst entscheiden sich die Kunden dafür, in eine andere Stadt zu ziehen. Die freien Privatstädte werden nicht demokratisch regiert, sondern nach betriebswirtschaftlichen Gesichtspunkten geführt. Theoretisch könnten die Betreiberfirmen diktatorisch handeln, so wie auch der Kapitän eines Kreuzfahrtschiffes oder der Eigentümer eines Einkaufszentrums dort nach Belieben schalten und walten könnte. In der Realität richten sie ihre Entscheidungen jedoch immer an den Interessen ihrer Kunden aus, denn nur so können sie im Wettbewerb bestehen. Die Abstimmung erfolgt nicht per Wahlzettel, sondern mit den Füßen oder besser gesagt: mit dem Geldbeutel. Es gibt einige Privatstädte, die nur Angehörige bestimmter Religionen, Volksgruppen oder sexueller Minderheiten aufnehmen, doch die meisten sind offen für alle. Ein Projekt wurde mit der Absicht gegründet, endlich den richtigen Sozialismus umzusetzen: ohne Privateigentum, alle Produktionsmittel im Besitz der Betreiberfirma, jeder erhält das gleiche Gehalt. Diese Stadt wurde wegen Mangel an Kundeninteresse jedoch nie gebaut.

Die Bottom-up-Demokratie

Neben den freien Privatstädten leben Menschen auch in anderen selbstorganisierten Gemeinschaften, besonders in bereits besiedelten Gebieten, die nicht einfach an einen privaten Betreiber übergeben werden konnten. Hier hat sich eine neue Form der Demokratie etabliert, die nicht die Schwächen des alten Modells aufweist. In der Vergangenheit lag die Macht de facto bei Parteien und Oligarchien, daran änderten auch die regelmäßig abgehaltenen Wahlen nichts. Das neue Modell einer „Bottom-up-Demokratie" wurde vom buddhistischen Meister Shamar Rinpoche entwickelt. Er lebte als tibetischer Flüchtling in Indien und beobachtete, dass die angeblich „größte Demokratie der Welt" in Wirklichkeit von korrupten Parteiapparaten beherrscht wurde. Wählerstimmen wurden entweder direkt gekauft oder durch populistische, für das Gesamtsystem eher schädliche Maßnahmen gewonnen.

In seinem Buch „Creating a Transparent Democracy"[87] schlägt Shamar Rinpoche daher ein System ganz ohne Parteien vor, das konsequent von unten nach oben aufgebaut ist. Die Bürger wählen ihre Vertreter in das Parlament ihres Dorfes oder Stadtviertels. Hier kennen sie sich aus, sie wissen, welche Probleme zu lösen sind und wem sie diese Lösungen am ehesten zutrauen. Die lokalen Parlamentarier stehen unter ständiger Beobachtung ihrer

Wähler und werden nur dann wiedergewählt, wenn sie einen guten Job machen. Das lokale Parlament entsendet einen Delegierten in das Parlament der nächsthöheren Ebene, also etwa der Stadt oder des Landkreises. Dieser Delegierte kann jederzeit wieder abberufen werden, er muss also im Interesse seines Wahlkreises handeln. Das Parlament des Landkreises entsendet wiederum Delegierte auf die nächsthöhere Ebene, etwa die Provinz.

Kleine Einheiten statt große Reiche

Shamar Rinpoche hat dieses Modell ursprünglich für Indien entwickelt und daher weitere Ebenen bis hinauf zum Bundesparlament in Delhi vorgeschlagen. Doch so große Staaten wie Indien gibt es nach der Krise gar nicht mehr. Kleinere Einheiten haben sich nach allen Erfahrungen der Vergangenheit als deutlich besser geeignet herausgestellt, um das Zusammenleben der Menschen zu organisieren.[88] Die meisten liegen von der Bevölkerungszahl zwischen Liechtenstein (knapp 40.000) und Luxemburg (rund 600.000), nur wenige sind so groß wie Estland (rund 1,3 Millionen). So werden die Entfernungen zwischen den direkt gewählten Lokalparlamenten und den aus Delegierten bestehenden höheren Ebenen nie zu groß. Die Bildung von Oligarchien, die nur an ihrem eigenen Machterhalt interessiert sind, wird scharf beobachtet und bei Bedarf im Ansatz gestoppt. Die Menschen sind hierfür durch die Krise sehr sensibel geworden.

Die Parlamente entscheiden nur über Dinge, die wirklich die ganze Gemeinschaft betreffen. In das tägliche Leben der Bürger und in die Wirtschaft mischen sie sich nicht ein.

Durch das Internet können sich die vielen Tausenden kleinen Gemeinschaften, die es jetzt auf der Erde gibt, jederzeit zu Zweckbündnissen zusammenschließen, etwa zur Verteidigung oder für den Handel. Vorbild hierfür ist die Hanse, ein mächtiger

Städtebund, der vom 12. bis zum 17. Jahrhundert den Handel auf der Ostsee dominierte und dabei ohne Machtzentrale und klassische Staatsgewalt auskam. Die Blockchain-Technologie ermöglicht es, zwischen vielen Tausend kleinen Einheiten, die sich nicht kennen und nicht vertrauen, einen Konsens herzustellen, so wie man es von den Bitcoin-Minern kennt. Blockchain-Technologie wird auch für Wahlen und Volksabstimmungen verwendet, sodass sie garantiert fälschungssicher und geheim bleiben. Alle Entscheidungen der lokalen Parlamente werden in der Blockchain öffentlich und unveränderbar gespeichert. Sie können jederzeit von jedem Bürger überprüft, jedoch im Nachhinein nicht verändert werden.

Gemeinschaft statt Wohlfahrtsstaat

Die Menschen sind sehr viel mobiler als früher. Sie ziehen von einer Privatstadt in die nächste oder probieren eine der zahlreichen demokratisch organisierten Gemeinschaften aus. Zuwanderung wird kaum noch als Problem gesehen, denn einen Wohlfahrtsstaat, in den man einwandern und auf Kosten der Alteingesessenen leben könnte, gibt es nicht mehr. Wer in ein neues Gebiet zieht, muss sich selbst um seinen Lebensunterhalt kümmern oder sich auf seine Familie oder andere soziale Netze verlassen. Die Grenzen sind dadurch sehr viel offener als zu Zeiten der Nationalstaaten. Nur wer sich nicht an die Regeln hält und andere Menschen schädigt oder ausnutzt, wird konsequent abgeschoben.

Seit es keine klassischen staatlichen Strukturen mehr gibt, sind die Menschen wieder mehr aufeinander angewiesen. Familien, Freundschaften, Nachbarschaften und Glaubensgemeinschaften sind sehr viel wichtiger geworden. Friendly Societies und andere genossenschaftliche Versicherungsformen erfreuen sich erneut großer Beliebtheit. Im 19. Jahrhundert waren diese auf Freiwilligkeit beruhenden Organisationen insbesondere in der Arbeiterbewegung sehr erfolgreich. Sie gewährten ihren Mitgliedern kostengünstigen Versicherungsschutz gegen Krankheit, Arbeitslosigkeit und andere Risiken. Zunächst in Deutschland, dann in England und anderen Staaten wurden sie jedoch durch die Einführung staatlicher Zwangsversicherungen ihrer Grundlage beraubt. Der deutsche Reichskanzler Otto von Bismarck führte die Zwangsversicherung ein, um die Arbeiterbewegung zugunsten der Staatsmacht zu schwächen.[89]

Durch die Rückbesinnung auf freiwillige Organisationsformen hat sich das Verhalten der Menschen zueinander verändert. Echte Solidarität steht wieder hoch im Kurs. Egoisten und Soziopathen sind verpönt. Die von Geshe Michael Roach propagierte Denkweise, immer zuerst daran zu denken, anderen zu helfen, ist zum allgemeinen Standard geworden, nicht nur bei Buddhisten.

Ist Ihnen das alles zu utopisch? Wenn ich Ihnen 1988 vorausgesagt hätte, dass im nächsten Jahr die Berliner Mauer fällt und drei Jahre später die Sowjetunion nicht mehr existiert, hätten Sie mich wahrscheinlich auch für verrückt erklärt. Krisen machen vieles möglich, was man vorher für unmöglich hielt.

Ich habe diesem letzten Kapitel bewusst den Titel des bekannten Songs von John Lennon gegeben, damit ich abschließend sagen kann:

You may say that I'm a dreamer, but I'm not the only one.[90]

Danksagung

Ich danke meinen Experten Steffen Krug, Christoph Heuermann und Bettina Falck, ohne die es einen großen Teil dieses Buches nicht geben würde.

Ich danke Prof. Thorsten Polleit für seine Beratung in allen volkswirtschaftlichen Fragen und Jeff Gallas für sein Feedback zu Kryptowährungen und dem Lightning Network. Danke auch an Angela Bachfeld, Yacine Terai, Boris Adloff und Torsten Sewing für die Unterstützung.

Besonders dankbar bin ich Rahim Taghizadegan für sein wundervolles Vorwort.

Besten Dank auch an das großartige Team der PLASSEN Buchverlage, insbesondere Bernd Förtsch, Daniela Freitag, Sebastian Grebe, Elke Sabat, Sebastian Politz und Claus Rosenkranz.

Danke an Gabriel Barranco für das Coverfoto, Denise Valois für die Fotoassistenz und Joe Diaz von Tierra Huichol für die Schädelberatung.

Kommentare und Quellen

[1] Marc Friedrich, Matthias Welt: *Der größte Crash aller Zeiten*, Eichborn, Frankfurt/Main, 2019.

[2] Max Otte: *Weltsystem-Crash*, Finanzbuchverlag München, 2019.

[3] Dirk Müller: *Machtbeben – Die Welt vor der größten Wirtschaftskrise aller Zeiten*, Heyne, München, 2018.

[4] https://www.dbresearch.com/PROD/RPS_EN-PROD/ PROD0000000000503196/Imagine_2030.PDF.

[5] Charlie Shrem: *A Geek in Prison — Part 13 — MackerelCoin & My Socioeconomic Observations of Prison*. https://medium.com/@cshrem/a-geek-in-prison-part-13-mackerel-coin-my-socioeconomic-observations-of-prison-ebc057a83e1d.

[6] Karl Marx, Friedrich Engels: *Das Kommunistische Manifest*, Create Space, 2017. https://www.amazon.de/Das-kommunistische-Manifest-Karl-Marx/dp/1973968800/.

[7] Friedrich August von Hayek: *The Denationalisation of Money, Institute of Economic Affairs*, London, 1976.

[8] Dirk Müller: *Machtbeben – die Welt vor der größten Wirtschaftskrise aller Zeiten*. S. 193, Heyne, München, 2018.

[9] https://www.welt.de/vermischtes/article106186204/Niemand-will-in-Chinas-riesiger-Geisterstadt-leben.html.

[10] https://commodity.com/debt-clock/japan/.

[11] https://www.bloomberg.com/news/articles/2019-12-02/founder-group-faces-fresh-test-as-285-million-bond-comes-due?fbclid=IwA R2aAmtq6aagls833VCDE3ftsbM5If7O8NVCo68f2WD8PMdu_ n3tjh7oEKk.

[12] https://www.bloomberg.com/graphics/2018-lehman-debt/.

[13] https://fortune.com/2016/06/10/bill-gross-supernova-negative-interest-rates/.

[14] Johannes Eisleben: Corona könnte den Schuldenturm kippen. Achse des Guten, März 2020: https://www.achgut.com/artikel/corona_koennte_den_schuldenturm_kippen.

[15] https://www.misesde.org/?p=22354/.

[16] https://www.misesde.org/?p=22792.

[17] https://www.spiegel.de/wirtschaft/soziales/statistisches-bundesamt-steigende-haeuserpreise-und-ein-enormer-baustau-a-1299658.html.

[18] https://www.finanzen100.de/finanznachrichten/boerse/es-geht-mit-riesenschritten-voran-bis-zur-naechsten-krise-ist-das-bargeld-abge-schafft_H32258001_11431485/?fbclid=IwAR1eASklZ_V6zRu-Q9u4YoqZxMHeknnGT9f2gGXwXyB4jEjb8v3FQvunj1oI.

[19] https://www.ecb.europa.eu/press/pr/date/2020/html/ecb. pr200318_1~3949d6f266.en.html.

[20] https://www.ft.com/content/9575e856-6ed3-11ea-9bca-bf-503995cd6f.

[21] Ein *White Paper* oder *Whitepaper* (ursprünglich englisch; basierend auf dem politischen Weißbuch) ist ein Instrument der Öffentlich-keitsarbeit, das eine Übersicht über Leistungen, Standards und Technik vor allem zu IT-Themen gibt. Hierzu zählen auch An-wenderbeschreibungen, Fallstudien und Marktforschungsergebnisse. Whitepapers geben auf mindestens zwei Seiten einen Überblick über Vor- und Nachteile, Kosten und Einsparpotenzial einer bestimmten Problemlösung (Wikipedia).

[22] https://bitcoin.org/bitcoin.pdf.

[23] https://www.nasdaq.com/articles/genesis-files-how-david-chaums-ecash-spawned-cypherpunk-dream-2018-04-24.

[24] https://en.bitcoin.it/wiki/Hashcash.

[25] https://en.bitcoin.it/wiki/B-money.

[26] https://www.investopedia.com/terms/b/bit-gold.asp.

[27] Die Inhalte des Blocks werden mit einem Algorithmus namens Hash verschlüsselt, der die Eigenschaft hat, Datensätze der gleichen Größe zu erzeugen, unabhängig vom Input. Die Daten des Blocks werden dabei mit einer Zufallszahl, dem sogenannten Nonce kombiniert, um jeweils unterschiedliche Ergebnisse zu erzeugen. Der Miner rechnet nun so lange verschiedenste Hashes aus, bis er einen findet, der eine bestimmte Größe unterschreitet, also mit einer bestimmten Menge von Nullen beginnt. Diese Maximalgröße wird alle zwei Wochen neu festgelegt. Man muss sehr viele verschiedene Hashes berechnen, bis man einen findet, der die Kriterien erfüllt.

[28] Eine Halbierung findet alle 210.000 Blöcke statt. Die genaue Zeit, die zwischen den Halbierungsterminen liegt, hängt also davon ab, wie viel Zeit für das Finden der Blöcke benötigt wird.

[29] Der öffentliche Schlüssel wird noch einmal verarbeitet, um eine Bitcoin-Adresse zu erzeugen. Sie ist um eine Kenn- und um eine Prüfziffer ergänzt. An der ersten Ziffer erkennt man, dass es sich um eine Bitcoin-Adresse handelt. Durch die Prüfziffer können etwaige Tippfehler aufgefangen werden.

[30] Bitcoin-treff.de verlangt keine Gebühren und wird daher von der BaFin nicht als kommerzielles Unternehmen angesehen. Wie lange sich ein rein durch Idealismus getragenes Projekt halten kann, ist eine andere Frage.

[31] Mt.Gox steht für das Fantasy-Spiel Magic: *The X Online*, X für Exchange.

[32] https://bitcointalk.org/index.php?topic=137.0.

[33] https://bitcointalk.org/index.php?topic=137.0.

[34] Peter Kugler and Peter Bernholz: *The Price Revolution in the 16th Century: Empirical Results from a Structural Vectorautoregression Model*, University of Basel, 2007. https://www.econstor.eu/bitstream/10419/123383/1/wp2007-12.pdf.

[35] https://www.goldindustrygroup.com.au/news/2016/7/7/goldinvestor-series-stock-to-flow-why-gold-is-not-a-commodity.

[36] https://www.lookintobitcoin.com/charts/stock-to-flow-model/.

[37] Bei dieser Rechnung vernachlässigen wir, dass von den theoretisch vorhandenen Bitcoin sicher einige Millionen durch vergessene Passwörter und achtlos weggeworfene Festplatten verloren sind. Bitcoin ist dadurch noch knapper als ursprünglich vorgesehen.

[38] https://www.lookintobitcoin.com/charts/stock-to-flow-model/.

[39] https://news.bitcoin.com/no-internet-no-problem-how-to-send-bitcoin-by-amateur-radio/?fbclid=IwAR0RCQNTjZ-os7a5rA0ek7Y4 D8WhywsthhiverQBf8uVx5ecE1BGf3c_0lg.

[40] https://blockstream.com/2019/05/11/en-gotenna-satellite-api-integration/.

[41] https://www.bitcoinmarketjournal.com/how-many-people-use-bitcoin/.

[42] https://www.bloomberg.com/news/articles/2018-01-30/crypto-exchange-bitfinex-tether-said-to-get-subpoenaed-by-cftc.

[43] Ich sage lieber „Wiener Schule", weil es kürzer und leichter auszu-sprechen ist. Außerdem ist es üblicher, Denkschulen nach Städten als nach Ländern zu benennen, denken Sie an die Chicagoer oder die Frankfurter Schule.

[44] Ludwig v. Mises: *Human Action – A Treatise on Economics*, Yale University Press, New York, 1949.

[45] Ludwig v. Mises: *Menschliches Handeln, Band I – III*, Herausgeber: Rahim Taghizadegan. Mises.at, Wien, 2019.

[46] https://www.facebook.com/photo.php?fbid=10221441039436367&set=a.10200332391813369&type=3&theater.

[47] Murray Rothbard: *America's Great Depression*, Van Nostrand, New York, 1963.

[48] Ludwig v. Mises: *Menschliches Handeln*, Mises.at, Wien 2019.

[49] Interview mit dem Autor, Januar 2019.

[50] Mittlerweile gibt es zu diesem Thema mehrere Strategien, siehe Buchtipps am Ende des Kapitels.

[51] Der schöne, aber unübersetzbare Ausdruck „Haut im Spiel" bedeutet, dass man in einem Projekt mit persönlichem Risiko engagiert ist und etwas zu verlieren hat.

[52] Interview mit dem Autor, Januar 2019.

[53] Interview mit dem Autor, Januar 2019.

[54] Prof. Thorsten Polleit: *Bitcoin, Hoffnungsträger für besseres Geld*, https://www.misesde.org/2013/12/bitcoin-hoffnungstrager-fur-besseres-geld/.

[55] Rahim Taghizadegan, Ronald Stöferle, Mark Valek: *Österreichische Schule für Anleger*, Seiten 223-224, Finanzbuchverlag München, 2014.

[56] Rahim Taghizadegan, Ronald Stöferle, Mark Valek: *Österreichische Schule für Anleger*, Seiten 224-225, Finanzbuchverlag München, 2014.

[57] Gefunden auf Christoph Heuermanns Facebook-Profil: https://www.facebook.com/christoph.heuermann.

[58] https://www.prosieben.de/tv/galileo/videos/2017147-leben-ohne-steuern-wie-geht-das-clip.

[59] Ludwig Erhard: Über den „Lebensstandard", *Die Zeit*, Hamburg, 15.08.1958. https://www.zeit.de/1958/33/ueber-den-lebensstandard/komplettansicht.

[60] Diesen widmete Friedrich August von Hayek sein Buch *Der Weg zur Knechtschaft*, 1945, Eugen Rentsch-Verlag, Zürich.

[61] Roland Baader: *Ein Staatsbegräbnis für Freiheit und Wohlstand* in: Kompass – Streitschrift für Politik und Medien, Ausgabe 3/2003.

⁶² https://www.theeuropean.de/juergen-fritz/12710-weniger-als-ein-drittel-sind-nettosteuerzahler.

⁶³ https://www.insm.de/insm/presse/pressemeldungen/emnid-umfrage-spitzensteuersatz-einkommensgrenze.

⁶⁴ https://de.statista.com/statistik/daten/studie/2534/umfrage/entwicklung-der-anzahl-deutscher-auswanderer/.

⁶⁵ https://www.staatenlos.ch/flaggentheorie-2/.

⁶⁶ Die Flaggentheorie wurde durch diese beiden Bücher einem breiteren Publikum bekannt gemacht:
W.G. Hill: *PT: A coherent plan for a stress-free, healthy and prosperous life without government interference, taxes or coercion*, Scope International Ltd. Waterlooville, 1989.
W.G. Hill: *PT2: The practice: freedom and privacy tactics: A reference handbook*, Scope International Ltd. Waterlooville, 1993.
W.G. Hill ist vermutlich ein Pseudonym, die Bücher sind laut Angabe des Verlags „inspiriert und redigiert von Harry D. Schultz".

⁶⁷ Harry D. Schultz: *How to Keep Your Money and Your Freedom*, Exodus, New York City, 1975.

⁶⁸ https://www.staatenlos.ch/panama-wohnsitz/.

⁶⁹ https://www.staatenlos.ch/das-beste-ziel-zum-auswandern-nach-asien/.

⁷⁰ https://www.staatenlos.ch/wohnsitz-paraguay/.

⁷¹ https://www.staatenlos.ch/georgien/.

⁷² Titus Gebel: „Freie Privatstädte – Mehr Wettbewerb im wichtigsten Markt der Welt", Aquila Urbis Verlag, Walldorf, 2018.

⁷³ Interview mit dem Autor, Januar 2020.

⁷⁴ https://www.bundestag.de/parlament/geschichte/gastredner/benedict/rede-250244.

⁷⁵ Interview mit dem Autor, Januar 2020.

⁷⁶ Interview mit dem Autor, Januar 2020.

[77] Vortrag von Andreas Antonopoulos über Privatsphäre auf der Latin American Bitcoin Conference, Montevideo, 13. Dezember 2019.

[78] Der Titel des Kapitels über Anonymität in Bettina Falcks Buch, frei nach René Descartes.

[79] Interview mit dem Autor, Januar 2020.

[80] https://www.wired.co.uk/article/albert-laszlo-barabasi-he-knows-your-route.

[81] Vortrag von Andreas Antonopoulos über Privatsphäre auf der Latin American Bitcoin Conference, Montevideo, 13. Dezember 2019.

[82] https://www.bbk.bund.de/SharedDocs/Downloads/BBK/DE/ Publikationen/Broschueren_Flyer/Buergerinformationen_A4/ Ratgeber_Brosch.pdf?__blob=publicationFile.

[83] Interview mit dem Autor, Januar 2020.

[84] Interview mit dem Autor, Januar 2020.

[85] Interview mit dem Autor, Januar 2020.

[86] Johannes Gutenberg hat nicht den Druck an sich erfunden, sondern den Druck mit beweglichen Lettern, der sehr viel schneller und effizienter ist als andere Techniken wie zum Beispiel der für das Diamant-Sutra verwendete Holztafeldruck.

[87] Shamar Rinpoche: *Creating a Transparent Democracy – A New Model.* Bird of Paradise Press, Delhi, 2015.

[88] https://mises.org/wire/small-countries-are-better-theyre-often-richer-and-safer-big-countries.

[89] „Mein Gedanke war, die arbeitenden Klassen zu gewinnen, oder soll ich sagen zu bestechen, den Staat als soziale Einrichtung anzusehen, die ihretwegen besteht und für ihr Wohl sorgen möchte" https:// www.fuw.ch/article/bismarck-mein-gedanke-war-die-arbeitenden-klassen-zu-gewinnen/.

[90] Aus John Lennon: *Imagine,* von der gleichnamigen LP, Apple Records, 1971.

Bildnachweis

Seite 7 Rahim Taghizadegan

Seite 11 Aaron Koenig

Seite 15 Shutterstock

Seite 17 http://wirtschaftlichefreiheit.de/wordpress/?p=23463

Seite 18 Trading Economics / European Central Bank

Seite 26 Trading Economics / European Central Bank

Seite 30 Shutterstock

Seite 31 Shutterstock

Seite 35 Trading Economics / European Central Bank

Seite 36 Trading Economics

Seite 43 Aaron Koenig

Seite 45 Shutterstock

Seite 49 Max Cryptohead / 21heads.com

Seite 52 Coinmarketcap.com

Seite 54 Satoshi Labs

Seite 61 Acinq

Seite 68 Shutterstock

Seite 73 Shutterstock

Seite 75 Laszlo Hanyecz / Bitcointalk.org

Seite 76 Coinmarketcap.com

Seite 78 Lookintobitcoin.com (Stock-to-Flow-Ratio)

Seite 89 Money-on-Chain

Seite 93 CC by Dr. Bernd Gross

Seite 95 Gemeinfrei nach §7 des österreichischen Urhebergesetzes

Seite 98 CC by Ludwig von Mises Institute

Seite 101 Steffen Krug

Seite 102 Steffen Krug / Aaron Koenig

Seite 111 Shutterstock

Seite 113 Christoph Heuermann

Seite 117 Aaron Koenig / NASA

Seiten 122-127 Wikipedia

Seite 131 Google Maps

Seite 137 Shutterstock

Seiten 139, 150 Bettina Falck

Seite 153 Shutterstock

Seite 157 Aaron Koenig

Seite 159 T. Harv Eker

Seite 162 NLPCA

Seite 167 CC 4.0 by Helene Sh

Seite 173 Shutterstock